U0453531

杭州优秀传统文化丛书

Hangzhou Youxiu Chuantong Wenhua Congshu

# 四时佳致

苏晓晓——著

杭州出版社

图书在版编目（CIP）数据

四时佳致 / 苏晓晓著 . —— 杭州 : 杭州出版社，
2022.1
（杭州优秀传统文化丛书）
ISBN 978-7-5565-1735-0

Ⅰ.①四… Ⅱ.①苏… Ⅲ.①风俗习惯—介绍—杭州
Ⅳ.① K892.455.1

中国版本图书馆 CIP 数据核字（2021）第 279026 号

Sishi Jiazhi

# 四时佳致

苏晓晓　著

| | | |
|---|---|---|
| **责任编辑** | 杨　凡 | |
| **装帧设计** | 章雨洁 | |
| **美术编辑** | 祁睿一 | |
| **责任校对** | 陈铭杰 | |
| **责任印务** | 姚　霖 | |
| **出版发行** | 杭州出版社（杭州市西湖文化广场32号6楼） | |
| | 电话：0571-87997719　邮编：310014 | |
| | 网址：www.hzcbs.com | |
| **排　　版** | 浙江时代出版服务有限公司 | |
| **印　　刷** | 天津画中画印刷有限公司 | |
| **经　　销** | 新华书店 | |
| **开　　本** | 710 mm × 1000 mm　1/16 | |
| **印　　张** | 15.5 | |
| **字　　数** | 190千 | |
| **版 印 次** | 2022年1月第1版　2022年1月第1次印刷 | |
| **书　　号** | ISBN 978-7-5565-1735-0 | |
| **定　　价** | 58.00元 | |

# 序 言

## 文化是城市最高和最终的价值

　　我们所居住的城市，不仅是人类文明的成果，也是人们日常生活的家园。各个时期的文化遗产像一部部史书，记录着城市的沧桑岁月。唯有保留下这些具有特殊意义的文化遗产，才能使我们今后的文化创造具有不间断的基础支撑，也才能使我们今天和未来的生活更美好。

　　对于中华文明的认知，我们还处在一个不断提升认识的过程中。

　　过去，人们把中华文化理解成"黄河文化""黄土地文化"。随着考古新发现和学界对中华文明起源研究的深入，人们发现，除了黄河文化之外，长江文化也是中华文化的重要源头。杭州是中国七大古都之一，也是七大古都中最南方的历史文化名城。杭州历时四年，出版一套"杭州优秀传统文化丛书"，挖掘和传播位于长江流域、中国最南方的古都文化经典，这是弘扬中华优秀传统文化的善举。通过图书这一载体，人们能够静静地品味古代流传下来的丰富文化，完善自己对山水、遗迹、书画、辞章、工艺、风俗、名人等文化类型的认知。读过相关的书后，再走进博物馆或观赏文化景观，看到的历史遗存，将是另一番面貌。

过去一直有人在质疑，中国只有三千年文明，何谈五千年文明史？事实上，我们的考古学家和历史学者一直在努力，不断发掘的有如满天星斗般的考古成果，实证了五千年文明。从东北的辽河流域到黄河、长江流域，特别是杭州良渚古城遗址以 4300—5300 年的历史，以夯土高台、合围城墙以及规模宏大的水利工程等史前遗迹的发现，系统实证了古国的概念和文明的诞生，使世人确信：这里是古代国家的起源，是重要的文明发祥地。我以前从来不发微博，发的第一篇微博，就是关于良渚古城遗址的内容，喜获很高的关注度。

我一直关注各地对文化遗产的保护情况。第一次去良渚遗址时，当时正在开展考古遗址保护规划的制订，遇到的最大难题是遗址区域内有很多乡镇企业和临时建筑，环境保护问题十分突出。后来再去良渚遗址，让我感到一次次震撼：那些"压"在遗址上面的单位和建筑物相继被迁移和清理，良渚遗址成为一座国家级考古遗址公园，成为让参观者流连忘返的地方，把深埋在地下的考古遗址用生动形象的"语言"展示出来，成为让普通观众能够看懂、让青少年学生也能喜欢上的中华文明圣地。当年杭州提出西湖申报世界文化遗产时，我认为是一项需要付出极大努力才能完成的任务。西湖位于蓬勃发展的大城市核心区域，西湖的特色是"三面云山一面城"，三面云山内不能出现任何侵害西湖文化景观的新建筑，做得到吗？十年申遗路，杭州市付出了极大的努力，今天无论是漫步苏堤、白堤，还是荡舟西湖里，都看不到任何一座不和谐的建筑，杭州做到了，西湖成功了。伴随着西湖申报世界文化遗产，杭州城市发展也坚定不移地从"西湖时代"迈向了"钱塘江时代"，气势磅礴地建起了杭州新城。

从文化景观到历史街区，从文物古迹到地方民居，众多文化遗产都是形成一座城市记忆的历史物证，也是一座城市文化价值的体现。杭州为了把地方传统文化这个大概念，变成一个社会民众易于掌握的清晰认识，将这套丛书概括为城史文化、山水文化、遗迹文化、辞章文化、艺术文化、工艺文化、风俗文化、起居文化、名人文化和思想文化十个系列。尽管这种概括还有可以探讨的地方，但也可以看作是一种务实之举，使市民百姓对地域文化的理解，有一个清晰完整、好读好记的载体。

传统文化和文化传统不是一个概念。传统文化背后蕴含的那些精神价值，才是文化传统。文化传统需要经过学者的研究提炼，将具有传承意义的传统文化提炼成文化传统。杭州在对丛书作者写作作了种种古为今用、古今观照的探讨交流的同时，还专门增加了"思想文化系列"，从杭州古代的商业理念、中医思想、教育观念、科技精神等方面，集中挖掘提炼产生于杭州古城历史中灵魂性的文化精粹。这样的安排，是对传统文化内容把握和传播方式的理性思考。

继承传统文化，有一个继承什么和怎样继承的问题。传统文化是百年乃至千年以前的历史遗存，这些遗存的价值，有的已经被现代社会抛弃，也有的需要在新的历史条件下适当转化，唯有把传统文化中这些永恒的基本价值继承下来，才能构成当代社会的文化基石和精神营养。这套丛书定位在"优秀传统文化"上，显然是注意到了这个问题的重要性。在尊重作者写作风格、梳理和讲好"杭州故事"的同时，通过系列专家组、文艺评论组、综合评审组和编辑部、编委会多层面研读，和作者虚心交流，努力去粗取精，古为今用，这种对文化建设工作的敬畏和温情，值得推崇。

人民群众才是传统文化的真正主人。百年以来，中华传统文化受到过几次大的冲击。弘扬优秀传统文化，需要文化人士投身其中，但唯有让大众乐于接受传统文化，文化人士的所有努力才有最终价值。有人说我爱讲"段子"，其实我是在讲故事，希望用生动的语言争取听众。今天我们更重要的使命，是把历史文化前世今生的故事讲给大家听，告诉人们古代文化与现实生活的关系。这套丛书为了达到"轻阅读、易传播"的效果，一改以文史专家为主作为写作团队的习惯做法，邀请省内外作家担任主创团队，组织文史专家、文艺评论家协助把关建言，用历史故事带出传统文化，以细腻的对话和情节蕴含文化传统，辅以音视频等其他传播方式，不失为让传统文化走进千家万户的有益尝试。

中华文化是建立于不同区域文化特质基础之上的。作为中国的文化古都，杭州文化传统中有很多中华文化的典型特征，例如，中国人的自然观主张"天人合一"，相信"人与天地万物为一体"。在古代杭州老百姓的认知里，由于生活在自然天成的山水美景中，由于风调雨顺带来了富庶江南，勤于劳作又使杭州人得以"有闲"，人们较早对自然生态有了独特的敬畏和珍爱的态度。他们爱惜自然之力，善于农作物轮作，注意让生产资料休养生息；珍惜生态之力，精于探索自然天成的生活方式，在烹饪、茶饮、中医、养生等方面做到了天人相通；怜惜劳作之力，长于边劳动，边休闲娱乐和进行民俗、艺术创作，做到生产和生活的和谐统一。如果说"天人合一"是古代思想家们的哲学信仰，那么"亲近山水，讲求品赏"，应该是古代杭州人的生动实践，并成为影响后世的生活理念。

再如，中华文化的另一个特点是不远征、不排外，这体现了它的包容性。儒学对佛学的包容态度也说明了这一点，对来自远方的思想能够宽容接纳。在我们国家的东西南北甚至是偏远地区，老百姓的好客和包容也司空见惯，对异风异俗有一种欣赏的态度。杭州自古以来气候温润、山水秀美的自然条件，以及交通便利、商贾云集的经济优势，使其成为一个人口流动频繁的城市。历史上经历的"永嘉之乱，衣冠南渡"，"安史之乱，流民南移"，特别是"靖康之变，宋廷南迁"，这三次北方人口大迁移，使杭州人对外来文化的包容度较高。自古以来，吴越文化、南宋文化和北方移民文化的浸润，特别是唐宋以后各地商人、各大商帮在杭州的聚集和活动，给杭州商业文化的发展提供了丰富营养，使杭州人既留恋杭州的好山好水，又能用一种相对超脱的眼光，关注和包容家乡之外的社会万象。这种古都文化，也代表了中华文化的包容性特征。

城市文化保护与城市对外开放并不矛盾，反而相辅相成。古今中外的城市，凡是能够吸引人们关注的，都得益于与其他文化的碰撞和交流。现代城市要在对外交往的发展中，进行长期和持久的文化再造，并在再造中创造新的文化。杭州这套丛书，在尽数杭州各色传统文化经典时，有心安排了"古代杭州与国内城市的交往""古

"杭州优秀传统文化丛书"在传统和现代的结合上，想了很多办法，做了很多努力，他们知道传统文化丛书要得到广大读者接受，不是件简单的事。我们已经走在现代化的路上，传统和现代的融合，不容易做好，需要扎扎实实地做，也需要非凡的创造力。因为，文化是城市功能的最高价值，也是城市功能的最终价值。从"功能城市"走向"文化城市"，就是这种质的飞跃的核心理念与终极目标。

2020 年 9 月

（单霁翔，中国文物学会会长）

南屏烟雨图卷（局部）

# 目　录

第一章

**那年花正好**

002　一、远去的汴梁

010　二、灯火阑珊处

015　三、黄粱一梦

第二章

**可爱深红爱浅红**

026　一、"问道买梅花？买桃花？"

030　二、苏轼的桃花

035　三、可爱深红爱浅红

第三章

**不如归去来，萧洒桐庐郡**

048　一、到睦州去

055　二、萧洒桐庐郡

064　三、但爱鲈鱼肥

第四章

**泉水，汩汩汩**

074　　一、林泉叮咚

088　　二、泉亦有江湖

094　　三、龙井，龙井

第五章

**人皆苦炎热，我爱夏日长**

107　　一、等雨来

111　　二、三生之约

115　　三、闲事十六件

120　　四、最凉不过浮瓜沉李

第六章

**一朵芙蕖，开过尚盈盈**

128　　一、野塘里的一枝荷

杭
州
风
情

**H A N G**

**Z H O U**

131　二、求画人

136　三、荷花深处

141　四、今生的来世梦


第七章

**看，当时的月亮**

150　一、月空明，何逊朝花绰约

155　二、孤山一曲长相思

158　三、又见七月半


第八章

**天凉好个秋**

167　一、秋山不冷

175　二、是谁多事种芭蕉

180　三、花时如雪

第九章

**钱塘依旧，潮起又潮落**

188　一、杨妹子

194　二、翻浪的潘阆

199　三、弄潮儿留住

第十章

**江南无所有，聊赠一枝梅**

211　一、却把春风寄与谁

214　二、占尽风情向小园

217　三、且与梅成一段奇


227　参考文献

第一章

那年花正好

东风夜放花千树。更吹落、星如雨。宝马雕车香满路。凤箫声动，玉壶光转，一夜鱼龙舞。　　蛾儿雪柳黄金缕。笑语盈盈暗香去。众里寻他千百度。蓦然回首，那人却在，灯火阑珊处。

——〔南宋〕辛弃疾《青玉案·元夕》

# 一、远去的汴梁

南宋绍兴九年（1139）的新年，临安（今浙江杭州）城要比往年更热闹些。

雪断断续续下了好几场，却是绵而不厚，轻轻柔柔地落在檐角、覆在农田。瑞雪预示着丰兆，也带来了一个好消息：正月初五，宋高宗赵构下诏普天同庆，大赦天下，以庆贺宋金和议。虽说和议的条件对朝廷来说十分苛刻，但百姓们可顾不了那么多，男女老幼奔走相告，不管怎么说，这长达十余年的战争阴霾总算是要消散了。

没有了战事的束缚，城中便越发活络起来。通往皇城的长街两侧，梓人①们忙着用长木搭建灯棚。棚外，青砖大屋鳞次栉比，新挂起的各色幌子随风摇荡，茶楼、酒肆、作坊、食店等字样不一而足，教人眼花缭乱。大街上，锦衣贵人的精巧轺车与各地客商的运货牛车交相往来，辚辚之声连绵不绝。行人们更是熙熙攘攘，这处刚散去，那处又涌来，层层叠叠，竟未留一处空隙。伴随着日胜一日的喧闹笑语和蜿蜒不断、陆续亮起的花灯，

①梓人，古代泛指木工、建筑工匠。

大宋最隆盛的节日——元夕，到了。

"今年的元夕，应是个好天气。"余杭门外西马塍的一处清寂小院内，李清照正静静地望着窗外。正值黄昏，余晖像熔化了的金子般，流向旁边的云霞。悄悄升起的圆月，还是淡淡的，要等到落日熔尽，才会显出碧玉般的色泽。她回过头，对侍奉的少女轻柔地说道："我这也无他事，你可以出去转转。"

少女正为李清照梳着发，听到这话，脸颊微微一红，回道："奴婢自小就生活在这，花灯不知看了多少回，本想就不去凑这热闹了。但听阿锦说，今年从苏州、福州运来了好多新灯，什么珠子灯、无骨灯，个个奇妙得很。阿锦说啊，他现在跟着他阿爹学扎彩灯了，正好可以与我讲讲……"

李清照听了不觉莞尔，心想：真是花一般的年纪啊，想什么都藏不住，自己年轻的时候可不也这样吗？

远久的记忆中，十八岁的李清照与二十一岁的赵明诚手牵着手，走在汴河的虹桥之上。在明月花灯下，她年轻烂漫的面庞比最鲜艳的海棠花还要娇美，比最名贵的琉璃灯还要明艳，但她还是面带委屈地问赵明诚一句："你说，这花，这灯，还有我，哪个更好看？"

她这哪里是委屈，明明是自信满满，她知道，夫君必定满心欢喜又略带无奈地说："定是夫人更娇美。"

赵明诚如是说，这简单又明了的一句话让她心花怒放，尽管答案她早已猜到。

正月十五的夜，满街流溢着宝马雕车的浓香，镶

李清照像

嵌满珠翠的头饰流转着盈盈的光泽，金缕捻成的雪柳如晚雾般甜腻地生长着，像最新鲜的蜜糖，包裹着李清照的心。

哪怕后来从汴京（今河南开封）辗转来到了临安，漫城的花火依旧如记忆里一般，令人沉醉。

看啊，先亮起的，是洋红的栀子灯。原是雪白花瓣和碧绿叶子，到秋天结成果实，便成了扎彩灯人的图样了。用纸捻将竹篾绑扎起来，拢起饱满圆滑的灯骨，覆上橘红纱罗，再在灯口细贴上一圈薄如蝉翼的金箔，这寓意红火的彩扎灯便做好了。城中大大小小的店铺已竖起了华丽招牌，绯色和绿色的帘幕垂挂在瓦肆的檐下窗边，只差晚间点上几盏贴金红纱栀子灯。红艳的烛火在街头巷尾迤逦展开，映照着在窗边倚坐的曼妙歌伎，远望宛如神仙。

随后，是素霜的白玉灯。解玉砂磨啊磨，耗掉匠人们数月的时间，才琢磨成这极薄的白玉灯片，然后一片一片地嵌在木骨架上。壁上无须多描，人们爱的，是它的素面无瑕、透亮冰洁。清冷的颜色衬得庭院深深，却挡不住有心人探究，灯下的女子在长廊深处盈盈笑着，抬头望着，笼中灯烟氤氲，随着廊风飘荡。隔着不远望着她的，是腼腆的书生，他张了张嘴唇，千言万语凝在喉间却说不出来。

再后来啊，是满街的流彩花灯，先是一点点、一簇簇，不消多时便如潮汛般漫延开来，或绣，或画，或堆，或抠，或绢，或纸，数不清的灯在城中绽开。它们围拥着踏乐而来的柘枝娘，只见火红罗衫在灯旁旋转，腕间的银铃在耳旁响起，姑娘们像柔软的风，在人群中穿梭，伸手探去，摸不着留不住，只有暗香在鼻尖流动。傀儡戏的戏班趁热拉起了幕布，悬丝的木质小人儿灵活翻腾，上演着传奇逸事，人们时不时爆出的笑声将戏词儿都掩盖了。

这花潮游啊游啊，向山间水岸散去，宝石山上的石塔边点灯无数，西湖里的游船上灯火灿然。在城中灯火之外，静静的天竺山下，天竺三寺的灯烛仿若莲花盛开。正月十五的夜啊，灯火映红了湖，映红了天，也映红了多情少女、风流少年的脸。

就像眼前的这位少女，李清照想，她若是富贵人家的女儿，此刻，应是头戴插着翠鸟羽毛的帽子，还有用美丽的金线捻成的雪柳，打扮得齐整秀丽，与闺中好友一起去游玩了。没有贵重的头饰也没关系，可以在簪钗上的花朵和枝叶旁，缀上一只用彩纸裁剪而成的小小蝶儿，或者插上一朵用丝绢作的白梅，配上一袭月白的长裙，多灵动可人啊！

"可叹啊……"李清照轻轻抚着自己的脸。如今，她孑然一身，鬓发已见缕缕霜白，形容憔悴。她不愿出门，曾经摩肩接踵的热闹让人有些抗拒，这样的日子，就在屋里听听外面别人家的欢声笑语就好。

圆月高悬，少女已出门去寻她的花灯，院外的喧闹声更大了。马蹄急踏，车轮辘辘，人来人往，闹闹哄哄，这边在高喊"太和楼新醅的流霞酒，最适合这上元佳节啦"，那边又在嚷着"宣德门的鳌山①，今年甚是壮观……"，时而进出一两阵嬉笑，想必是哪家的公子将花灯递给了哪位佳人，引得大家哄笑，又带着丝丝羡慕。

嘈杂声中，忽然隐隐传来一阵笛声。李清照起了身，仔细辨着，那笛声叹息般哽咽着，断断续续的，与这时节格格不入，却别有一种荒寂之美。

曲调像是《梅花落》啊！"染柳烟浓，吹梅笛怨，春意知几许。"李清照不禁轻轻念着。

在如雪的落梅中，她看到了初春的景色，有细嫩的新柳点染着生机，还有一个模模糊糊的身影。一个纤细柔美的身影，穿着薄薄的小春衫，正无忧无虑地荡着秋千。

那不正是她吗？更小时候的她，待字闺中的她。十六岁那年的元夕，她在院中悠闲地荡着秋千。秋千荡

①鳌山，将花灯层层叠叠堆成大鳌形状的灯山。

杭州风情 **HANG ZHOU**

〔南宋〕李嵩《观灯图》

得极高，风在耳边吹过，墙头外的风景一闪一现。忽然，前院传来一阵热闹。"有谁来了吗？"她让侍女扶停了秋千。侍女望了望，答道："早先听说，吏部赵侍郎家的公子来拜会老爷。"

李清照忙跳下秋千，挽了挽发鬓，弯身躲进前院，藏在两株青梅间。刚一抬头，正好看到踏入院中的来人。那人轮廓明朗，声音温润，与自己想象中的携手之人，竟没多大出入。

来人是赵明诚。对这位父母口中的青年才俊，李清照是很好奇的。他就读于太学，是父亲的学生，好几次，同在太学读书的堂兄说起太学里的各种新鲜事时，总少不了提起他。

"你说吧，他相貌堂堂，学问一流，就有一癖好，爱逛集市，搜集名家名士的古本，家中给的生活银两都耗在这上面了，可怜堂堂吏部侍郎之子，日子竟过得紧巴巴。这次他又跟我炫耀收到了一位大家的拓本，邀我一起探讨，我都推了好几次了……"

堂兄喋喋不休兀自说着，李清照心中却是微微一动。烘着炭的香炉，慢悠悠地升起暗香，熏得少女的脸像庭院中的海棠。

每当夜深人静的时候，她就会想象父亲看中的未来夫君是什么模样。悸动的少女心在听到他来的那刻，推着她走向了前院的青梅树。鼻子嗅着青梅的香味，眼睛却不住瞟向赵明诚。此时此刻，就如她写的《点绛唇》（蹴罢秋千）一般："和羞走，倚门回首，却把青梅嗅。"①

接下来的事没有过多波折，两人门当户对，郎才女貌，一对璧人结成了眷属，在她十八岁那年的元夕之夜无忧地对笑着。

"中州盛日，闺门多暇，记得偏重三五。铺翠冠儿，捻金雪柳，簇带争济楚。"②笛声中，李清照继续呢喃着。她和赵明诚一同度过了多少个元夕呢？竟一下想不起来了。她只记得，他们曾在晴朗的午后猜诗煮茶，曾因分居两地辗转相思，曾为收得一块古印欣喜不已，也曾为书稿编撰成功相拥而泣。

①此词是否为李清照所作，尚存争议。
②语出李清照《永遇乐（落日熔金）》。

只可惜，金兵长驱直入中原，国破家散。在他们成亲二十八年后，南宋建炎三年（1129），赵明诚病逝在赴任湖州的路上。后来，她流寓临安，又经历了一段破碎而短暂的婚姻，满身伤痛之后，支撑她的，只有一副傲骨和被珍藏的年少记忆了。

"笃、笃、笃。"窗边响起了一阵轻促的叩击声。

她揉了揉眼，过往的云烟嗖的一声，如破碎的泡沫般消散了。

窗外的景象渐渐清朗，露出了一张少女明媚的笑脸。

"夫人您看！"少女举起一盏玲珑精巧的花灯，"这是阿锦制的，我想着给您捎上一盏，也算是到城中走过啦！"

少女的脸红扑扑的，额头上浮着层细细密密的汗，想是一路小跑过来，就为给她带这份小小的礼物。

李清照忙接过花灯，小心地捧着。

那是一只很好看的花灯。小兔子紫琉璃似的眼睛波光流转，透明的、带着些许粉的绵帛紧紧地包裹在竹子支撑的笼架之上。烛火暖暖的，淌过手心，又从小小的兔耳朵中透出来。多么温软，多么美好，她仿佛又回到了幸福开始的那个元夕——

① 李清照《减字木兰花（卖花担上）》。一说是否为李清照所作存疑。

卖花担上，买得一枝春欲放。泪染轻匀，犹带彤霞晓露痕。 怕郎猜道，奴面不如花面好。云鬓斜簪，徒要教郎比并看。①

## 二、灯火阑珊处

　　暮色里的龙山渡口，江面舟船如织，灯影明暗闪烁。一位身着青衫的中年人伫立在岸边，看着船上岸边的客商行色匆匆，竞相奔往那灯火通明的临安城。

　　聚在渡口的船夫好奇地打量着这位久久不愿离开的青衫客，他们见过不少来来往往的人，可是这位，着实有些让人猜不出。说他是文士吧，却身形挺拔，眉宇间透着股威严；说他是普通的官吏吧，举手投足之间又带着些贵气，让人有些无法亲近。他也不像是初来乍到的外省行客，赶着去看十五的花灯，故而在渡口忙乱的人群中显得尤为特别。

　　船夫们不知道，站在他们眼前的，是鼎鼎大名的辛弃疾。

　　"一别，又是数年了。"辛弃疾感慨道。

　　此时已是淳熙元年（1174），自宋高宗赵构定都临安已有三十六载，这座江南之城俨然已生长出了都城的气势，与被金人攻占的齐州（今山东济南），一明一暗，形同两个世界。

　　齐州历城，是辛弃疾的故乡。靖康之耻后，齐州被金人所据，他的父亲辛文郁在战乱中去世，他从小跟着爷爷辛赞长大。辛赞是一位饱读诗书的学者，宋室南渡时，虽因故未能脱身而仕于金，却从未忘却故国。他教辛弃疾读书识字、骑马射箭，为的是有朝一日能再为宋廷效忠尽力以恢复中原。"弃疾"二字是齐赞对孙儿的殷殷期望。

清河岸边，白衣飘飘的少年辛弃疾与爷爷辛赞，望着山河破碎的中原，不禁脱口而出："四塞忽闻狼烟起，问儒士，谁人敢去定风波？"①

少年的一腔热血终能付诸行动。绍兴三十一年（1161），金国再次来犯，二十二岁的辛弃疾召集了一支两千余人的队伍加入了抗金义军耿京的军队，并于绍兴三十二年（1162）一同南奔，奉上朝表来到临安。二十四岁时，听闻最亲密的战友、恩师耿京被叛徒杀害，辛弃疾带着五十个骑兵，直奔五万人的敌营。为了不闹出响动，他让士兵们在马蹄上裹上布，在马嘴里塞上木棍，直冲敌营，在金人还没反应过来时就生擒叛徒杀出营去。他率队连夜向南奔驰，越过金军的封锁追击，渡过淮河，又渡过长江，奔突千里，惊险回到临安，终将叛徒正法。这一战，使他名声大震。

在临安的那几年，他不曾仔细地看过临安城的花灯，无心去欣赏"火烛银花触目红"②，"笙歌灯火夜连明"③。他一腔热血，满心盼的就是朝廷能收复失地、报仇雪耻，但可惜，皇帝不愿意再用兵，反应十分冷淡敷衍，赐了他文职，让他各地辗转。此去经年，再回到这个渡口，他已三十五岁了。

辛弃疾缓缓地向城中走去。元夕之夜，城中百姓已淡忘了那家破人亡、流离失所的战争岁月，沉浸在此刻美满的小日子里。满城的灯火，燃得比旧时还要亮，你看那灯市，"南至龙山，北至北新桥，四十里灯火不绝"④。夜市更是热闹非凡，茶店里插上了时令的鲜花，花架上摆满了各色花草，茶客们拥挤一堂，顾不得平日的细品慢尝，一个个大谈趣闻，大口开饮。好酒之人循着酒馆乐班奏起的《蝶恋花》而来，热上一壶千日春，再配上温软吟唱，只愿长醉不复醒。

①语出佚名《定风波二首》。
②语出朱淑真《元夜》。
③语出陆游《绍兴癸亥余以进士来临安年十九明年上元从舅光州通守唐公仲俊招观灯后六十年嘉泰壬戌被命起造朝明年癸亥复见灯夕游人之盛感叹有作》。
④语出《西湖老人繁胜录》。

花灯下的长街，烟花是那样绚烂，像风吹落了千树繁花，也吹落了漫天繁星。千金的宝马，豪华的雕车，一路扬起的不是尘土而是芳香。四下里乐声入耳，如玉般的月光流转，人群交错而行，数十百队舞社杂散在其中，引人围笑追堵。小娃儿馋着街头的澄沙团子、街尾的滴酥鲍螺、巷口的杨梅糖，还有乳糖圆子、豉汤、水晶脍，初入街市的少年们明着看灯，眼角却偷偷看人，在新烛摇曳的光影里，"这一双情眼，怎生禁得，许多胡觑"①？

忽然间，四散的人群冲断了视线，原来是龙灯来了。舞龙的伙计举着用草缚成的长龙快步前行，覆着涤青幕布的龙身上放置着万盏灯烛，在灯球的指引下，蜿蜒地向皇城汇去。城墙下，一座五尺多高的琉璃灯山耸立着，散发着耀眼的光彩。这是城里最顶尖的匠人打造的灯山，上设殿堂栋梁，面布各色机关人物，上演着诸色故事，宝光华影，灿烂得让人眼不能正视。龙灯驻在灯山前的玉栅帘前，踩着宫廷乐工的乐点，环绕着灯山上下起伏。灯山上悬挂的五色琉璃灯挂垂着水晶帘子，流光映照，让人恍如身在月宫。

辛弃疾望着城门，心潮澎湃。遥想建隆元年（960）的元夜，刚登上帝位不久的宋太祖赵匡胤登上宣德门城楼，只见城楼之下万家灯火、箫鼓间作、士女欢会、车水马龙，新的盛世荣华在此拉开序幕，那时，宋太祖心中是何等的激荡。在战事平定后，太祖于乾德五年（967）正月甲辰下诏："上元张灯，旧止三夜。今朝廷无事，区宇乂安，方当年谷之丰登，宜纵士民之行乐，其令开封府更放十七、十八两夜灯。"后遂为例。②灯火从旧日隋唐的三日增至五日，映照着一个全新大国的兴起。到了宣和五年（1123），灯火更盛，"从腊月初一日直点灯到宣和六年正月十五日夜"③，足足燃亮四十五个夜。

①语出李邴《女冠子·上元》。
②语出王栐《燕翼诒谋录》卷三。
③语出《大宋宣和遗事》。

辛弃疾环顾四周，广场上，人们已用棘刺围成了一个长约百丈的"棘盆"，教坊艺人在此集聚，乐声喧嚣。围观的人群争抢着看戏，推拥着辛弃疾慢慢凑向城中灯火的中心。他突然就明白了苏轼的那句"灯火钱塘三五夜，明月如霜，照见人如画"[1]。明灯错落，园林深处映射出璀璨的光芒，有如娇艳的花朵一般，城门的铁锁都打开了，城中百姓四处游走。人潮是如此汹涌，车马下尘土飞扬，月光洒遍城中的每一个角落，映照着楹联上的残雪和花灯下的长街，人们无论在何处都能看到明月当头。

商贩们推着镂鍮装花盘架车儿在人群中游走，装着精巧小点，挂着大小花灯。那珠子灯，"以五色珠为网，下垂流苏，或为龙船、凤辇、楼台故事"；羊皮灯，"镞镂精巧，五色妆染，如影戏之法"；罗帛灯，"或为百花，或细眼，间以红白，号'万眼罗'者，此种最奇"。还有如浑然玻璃球般的无骨灯，以刻镂金珀玳瑁以饰的鲵灯，辛弃疾随走随看，被其中一盏特别的花灯吸引了注意力。[2]

这灯扎得很是奇巧，灯有六面，灯中的纸剪小人随着烛火旋转，车驰马骤，团团不休。

"客官您可真会挑，"卖灯人笑嘻嘻地指着那灯说，"这可是洞房花烛夜，金榜题名时！"

"怎么说？"辛弃疾饶有兴致地问道。

"您可知王安石王大人？"卖灯人答道，"人说他二十三岁那年去赶考，晚上上街闲逛，见一大户人家挂了盏走马灯，灯上悬有一联，曰：'走马灯，灯走马，灯熄马停步。'他见这联不禁拍手称好，可没想到这是人家小姐的招亲联，下人追上来想等他的下联，但他夸完便走，两下里是没见着面。"

"巧的是，等他上京科考，考官见他交卷快，想再试他才能，就指着厅前的飞虎旗，出了句上联让他对，您猜是什么？是'飞虎旗，旗飞虎，旗卷虎藏身'，这不跟他前边看到的那上联对上了吗？他自然是对得又快又好！后来他想起日前的机缘，忍不住又来到那户人家门前。他用飞虎旗对了那走马灯，这大户人家的老爷当即就将女儿许配给了他，并择吉成婚。"

"更巧的是，"卖灯人转了转灯面，"他们成礼时，就有京城的报子来报了，说：'王大人高中，明日请赴琼林宴！'您看，可不是双喜临门吗？"

辛弃疾笑了笑，走马灯，灯走马，灯熄马停步，纵是你锦衣玉冠的少年肆意执笔，银鞍白马的将士快意挥刀，灯灭了，一切也都归于黯淡了。

不知有多少人还在念着过往。此刻，人们只愿沉醉在百花之中，如烟花在盛世天空次第开放，街灯与花灯闪烁，照得月夜如昼。

他提着灯，穿过奔涌的人潮，慢慢向长街的尽头走去。他不知走了多久，手上的花灯烛火已经燃尽，城中先前烈火烹油般的热闹场面也慢慢消弱了，渐渐散入了灯火阑珊的深巷小院。街上的人三三两两，零零落落，唯有闲声细语伴着微弱的灯火。

此时，一位女子与他错身而过，她的青丝自然垂下，插了一对镂空蝴蝶银步摇，月色下，素色的长裙似泛着光，衬出她双眸的那几分落寞。她手上是一盏玲珑小巧的花灯，不大的绢纱灯壁上，隐约叙说着凤求凰的故事。

花灯的微光仿佛化作了细柔的丝线，束缚了他的脚步，他猛一转身，却发现，她也正回头，静静地望向自己。

这惊鸿一瞥，穿过数十年的灯影人潮，永远镌刻在了一位饱经沧桑男子的心头——

蛾儿雪柳黄金缕。笑语盈盈暗香去。众里寻他千百度。蓦然回首，那人却在，灯火阑珊处。

## 三、黄粱一梦

德祐元年（1275），临安城里没有了"一入新正，灯火日盛"的热闹。从前在正月里就人满为患的长街，此刻冷冷清清，只有稀疏的灯火挂在酒肆门口，门内，是稀疏的客人，喝着清冷的酒。

吏魁老五被告知，今年的元夕不必跟着府尹给商民们派钱了。

国库银两都被拨往了前线，但传来的加急战报还是一份接着一份：正月初一，黄州城破；正月初十，蕲州城破；正月十四日，江州城破……蒙古骑兵一路南下，短短半个月内，沿江战势发生着翻天覆地的剧变。尽管没有机会看到战报，但大家都已经从大街上疾驰而过的驿马、朝廷慌忙调集大军以及达官贵人悄悄搬家的举动中，意识到了大战即将来临。

看来这日子，真的是要到头了，老五忧虑重重地想着。端平三年（1236），南宋与蒙古携手灭金才两载，这蒙古人就撕下了面具，还一度渡过长江，惊慌失措的宋理宗又是割地，又是给岁币，这才换来了几年安稳日子。

宋理宗晚年一直生活在对蒙古人的恐惧中，直至病逝。他的儿子度宗哆哆嗦嗦当了十年皇帝，如今，度宗也去了，留下年幼的宋恭帝，在继位的新年伊始，面对着大人也无法翻转的困局。

这个时候，谁还有心思过节呢——

一片风流，今夕与谁同乐？月台花馆，慨尘埃漠漠。豪华荡尽，只有青山如洛。钱塘依旧，潮生潮落。[1]

往年，是多么热闹啊，老五回想着。在朝廷立足江南的一百多年里，临安城最盛时，有"户三十九万一千二百五十九，口一百二十四万七百六十"，"城内外不下数十万户，百十万口"，以至于"民居屋宇高森，接栋连檐，寸尺无空"[2]。城里，客贩来来往往，坊巷市井的夜市从天黑直开到四更，刚结束不久，五更的早市又开张了。在最繁华的长街，商铺瓦肆甚至昼夜不休，通宵达旦，只要不缺银子，随便走到哪里都能找到乐子。

日常如此，更别提那元夕佳节了。从正月十四到十八，余杭门内，沙河塘上，日日"市楼歌吹太喧哗，灯若连珠照万家"[3]，公子王孙，五陵年少，点着纱笼，携着佳人美女遍地游赏。灯无数，人也无数，世间万物尽数化成了花灯，放眼之处都是炫彩流光。你瞧，"南陌东城尽舞儿，画金刺绣满罗衣"[4]，天南地北的舞队都集聚在了这座都城，等到楼灯初上，似有数千百队从各处涌了出来，连亘十余里。箫鼓声声，乐音溶漾，姑娘们头戴细毛茸茸的狸皮帽子，身着金丝刺绣的罗衣，素手婉转流连，裙裾飘飞，一双如烟的水眸欲语还休，流光飞舞，让老五看得如痴如醉。

老五的工作是件"乐呵"的活儿，从正月十四开始，

[1]语出汪元量《传言玉女·钱塘元夕》。
[2]以上引文出自吴自牧《梦粱录》。
[3]语出姜夔《观灯口号十首（其二）》。
[4]语出姜夔《灯词四首（其一）》。

给各地来杭的社火舞队和傀儡戏团发银、发酒。"弟子清音""遏云社""大小斫刀鲍老""胡安女""刘衮""乔三教""乔迎酒""乔亲事""焦锤架儿""男女杵歌"……一日下来，大大小小的队伍竟有数百支。一桶桶美酒从马车卸下，再运到欢腾的人群之中，老五分酒分得手都酸了。大家都混得熟了，歌女们有时会撩拨一下，向老五讨得多一点的小银，戏团的人看到老五来了，就会给老五单独来场滑稽戏，乘机再多倒几杯酒。老五睁一只眼闭一只眼，坐在那看戏。他最喜欢的是"跳鲍老"，什么"大小斫刀鲍老""交衮鲍老"，那演鲍老的人，身躯扭得村村势势的，一举一动实在是让人忍俊不禁。"跳鲍老"的戏班有从福州来的，浩浩荡荡三百余人，也有从益州路、梓州路等地来的，亦有数百人，所到之处，都被人们围得水泄不通。①

到了傍晚，老五和当差的兄弟们还会到城里的各家各户，询问大家点灯的油烛是否够用。若不够，官府亦有所准备，"各给钱酒油烛，多寡有差"②，领酒、领烛的，到升旸宫；要领钱财的，就到春风楼。

春风楼是临安城中最大的酒楼之一。在御街北面，鹅鸭桥以东，是户部点检所管辖的官家酒库。这样的官家酒库，城中还有好几所，比如睦亲坊边的和丰楼、清河坊旁的和乐楼、涌金门外的丰乐楼。这又是"丰"又是"乐"的，官家酒楼确实透着股富贵气。老五从酒楼大门走到主廊，就要一二十步，廊还分为南廊和北廊，廊外布着各种奇花异草、竹石假山，装点得如同一个小小园林。放眼四望，酒楼的门栏窗格俱是雕花绘彩，在贴金红纱的栀子灯映照下，光影交错，如梦如幻。当然，出入这儿的客人也都非富即贵，喝酒讲究个风雅风流，偌大一个酒楼，也不见喧闹，只隐约传来婉转的歌声，勾人心弦。老五可受不了这样，要他说啊，三桥的酒肆

姜夔像

才是好去处，拥拥挤挤的一群人，大口喝酒，大声唱曲，打打闹闹，才是佳节的样子不是？

是夜，满城的人都出来了，观灯的日子里，人们是"不到天明亦不归"①。连女子都可尽兴游赏，甚至早晨才归家，虽然疲惫不堪，她们却舍不得小憩片刻，整理一下残妆，又与朋友游玩去了。这处看灯谜，那处看杂戏，城中花灯凡数千百种，怪怪奇奇，无所不有，璀璨的灯月之下是百艺群工，竞呈奇技，分不清围观的到底是百姓还是达官贵人。在这狂欢之夜，就连关押犯人的监狱也要苦中作乐，在净狱道场里点上数盏花灯。

① 语出姜夔《观灯口号十首（其四）》。

如此良辰美景，又岂可辜负？于是"月上柳梢头，人约黄昏后"，处处是成双成对的人儿，"肩儿厮挨，手儿厮把"，或在城中赏灯，或在寺中祈愿，或在湖畔柳下诉着衷情。未有伴的少年郎，带着满心失落，掏出怀揣已久的《调光经》，书上条条目目，列的都是过来人的经验之谈：如遇心仪之人，要"屈身下气，俯就承迎"，"先称她容貌无双，次答应殷勤第一"。相面的场所"少不得潘驴邓要，离不得雪月风花"，也要善观颜色，"讪语时，口要紧；刮涎处，脸须皮"，"以言词为说客，凭色眼作梯媒"，"见人时佯佯不睬，没人处款款言词"……老五看着好笑，倒不如为佳人点一碗糯糯的乳糖圆子，汤水映着烟火，圆子对着明月，真情又实在。

到了放灯的最后一夜，即正月十八，老五就要跟着临安府尹，给城中的商民们派发"利是"了。府尹大人坐着小轿，一颠一颠地，在舞队的簇拥下招摇过市，箫鼓振作，让人目不暇接。老五背着满塞交子的大布袋，紧跟在小轿子后边，如遇做生意的小商民，便从袋中掏出数十文分发，祝他们新年生意兴隆，这叫作"买市"。有一些狡黠的小商人，会用小托盘放着梨、藕数片，在人群中钻来钻去，重复领赏，老五就只管发，既然"亦不禁也"，还计较什么呢，多发你便是。

买市的场景犹在眼前，现实中却已没有了来来往往的小商小贩，没有了热情似火的舞娘，没有了飘溢着酒香的春风楼，没有了你侬我侬的有情人，只剩惴惴不安的人们过着一个零落凋敝的元夕。

"万点灯光，羞照舞钿歌箔。玉梅消瘦，恨东皇命薄。昭君泪流，手撚琵琶弦索。离愁聊寄，画楼哀角。"①往日"万点灯火"，如今"画楼哀角"，只有钱塘如故。

德祐元年正月十六日，被全城寄予厚望的师臣贾似道带领十三万精兵出师应战元军，取道新安（今安徽歙县）奔赴长江边的重镇安庆，准备与元军作最后一搏。

在大军出征的前一天，城中的人们竭力为士兵们准备了一场盛大的灯火，以求能给南宋带来胜利的欢歌。谁都不知道，十三万大军踏上的将是一条不归路；他们更不知道，这竟是南宋的最后一个元夕。随着正月十七的落灯，临安城的夜从此陷入了长达数百年的寂黑。

每值元夕，虽市井之间，灯火亦禁。①

正月上元日，军民妇女出游街巷，自夜达旦，男女混淆……痛加禁约，以正风俗。②

"家家灯火，处处管弦"的花灯旧事，渐渐沉入历史深处，再也无从寻觅，只在黄粱一梦中了。

①语出张养浩《谏灯山疏》。
②明代弘治年间，朝廷曾饬令南北两京以及各州府严禁妇女元宵夜游。此段引文出自弘治十一年（1498）户科给事中丛兰奏疏。

看花灯

◎最热闹的灯市——官巷口到众安桥一带

南宋女诗人朱淑真曾有描写元宵节的诗《元夜》："压尘小雨润生寒，云影澄鲜月正圆。十里绮罗春富贵，千门灯火夜婵娟。香街宝马嘶琼辔，辇路轻舆响翠轩。高挂危帘凝望处，分明星斗下晴天。"从官巷口到众安桥，贩卖灯笼的商家把各式花灯悬挂在自己的摊位前出售，琳琅满目，形成了长长的"灯市"。这里也是南宋傀儡戏场最集中的地方，《梦梁录·元宵》记载"官巷口、苏家巷二十四家傀儡"，每逢元宵之夜，近百家傀儡戏在此竞赛，表演悬丝傀儡、杖头傀儡以及药发傀儡等各种傀儡戏的班子齐集于此，这也是深受南宋市民喜爱的元宵节目。

◎尽显豪华的灯会——皇宫大内

南宋皇宫里的灯品极多，都是各地进贡的珍奇。《武林旧事·元夕》记载，其中"以苏（苏州）灯为最，圈片大者径三四尺，皆五色琉璃所成，山水人物，花竹翎毛，种种奇妙"，难以尽述。后来福州所进贡的花灯"纯用白玉，晃耀夺目，如清冰玉壶，爽彻心目"，更胜苏灯一筹。除了琉璃灯山外，还有"鳌山"。鳌山是将花灯层层叠叠堆成大鳌形状的灯山，既极为壮观，还十分精巧。"禁中尝令作琉璃灯山，其高五丈，人物皆用机关活动，结大彩楼贮之。又于殿堂梁栋窗户间为涌壁，作诸色故事，龙凤噀水，蜿蜒如生，遂为诸灯之冠。"到了二鼓时分，连皇帝都要特意来观赏元宵灯山的盛景："上乘小辇，幸宣德门，观鳌山。擎辇者皆倒行，以便观赏。"

◎免费喝茶看灯的地方——都城内的大户人家

到大户人家看灯，待遇挺不错。《梦粱录·元宵》记载，城中"家家灯火，处处管弦，如清河坊蒋检阅家，奇茶异汤，随索随应，点月色大泡灯，光辉满屋，过者莫不驻足而观。及新开门里牛羊司前，有内侍蒋苑使家，虽曰小小宅院，然装点亭台，悬挂玉栅，异巧华灯，珠帘低下，笙歌并作，游人玩赏，不忍舍去"。

◎看歌舞表演的好去处——三桥

元宵佳节，少不了歌舞庆祝。《武林旧事·元夕》记载："三桥等处，客邸最盛，舞者往来最多……"每夕华灯初上时分，客人到酒楼饮酒，"则箫鼓已纷然自献于下"，只要不多的一点赏钱，便可欣赏到精彩的表演，"终夕天街鼓吹不绝"。南宋词人吴文英写的《玉楼春·京市舞女》描写了当时舞队的盛况："茸茸狸帽遮梅额，金蝉罗剪胡衫窄。乘肩争看小腰身，倦态强随闲鼓笛。　问称家在城东陌，欲买千金应不惜。归来困顿殢春眠，犹梦婆娑斜趁拍。"深得其意态也。

◎逛吃逛吃的夜市——羊坝头至官巷口一带、北关夜市

南宋夜间的饮食店铺的生意相当兴隆，《梦粱录·天晓诸人出市》记载，在羊坝头至官巷口一带，"大街一两处面食店及市西坊西食面店，通宵买卖，交晓不绝"。元宵佳节，街边还有节日特供，《武林旧事·元夕》记载，"乳糖圆子、馓飣、科斗粉、豉汤、水晶脍、韭饼及南北珍果……皆用镂镟装花盘架车儿，簇插飞蛾红灯彩盝，歌叫喧阗"。到了明代，武林门外的北关夜市兴起，《雍正西湖志·名

胜一》记载，"每至夕阳在山，则樯帆卸泊，百货登市。故市不于日中而常至夜分，且在城闉之外，无金吾之禁，篝火烛照，如同白日。凡自西湖归者多集于此，熙熙攘攘，人影杂沓，不减元宵灯市，洵熙时之景象也"。

## 第二章

可爱深红爱浅红

山光焰焰映明霞，燕子低飞掠酒家。

红影到溪流不去，始知春水恋桃花。

——〔清〕马曰璐《杭州半山看桃花》

## 一、"问道买梅花？买桃花？"

"花朝"。

当吴自牧在《梦粱录》里写下这两字的时候，笔墨仿佛都带着芳香。寒意料峭之中，不知是哪时，也不知是哪根枝上，第一个小花骨朵悄然一裂，就此泄了春光。雨欲说还休地下着，暖风吹皱池水，浅草遍染山径，花儿次第绽放，一切无序无形、无边无忌，处处透着个"野"字。

"逢春不游乐，但恐是痴人。"① 春风醉人，再配合着和煦暖阳，踏青寻花才是正经事。在南宋淳祐年间（1241—1252）的临安城里，为方便众人出游，州府早早做了准备，在元夕收灯后，便专门拨款，"例于点检酒所开支关会二十万贯，委官属差吏倅雇唤工作，修葺西湖南北二山"②。亭馆、园圃、桥道，都重新油饰描画一新，路旁湖边也种上了花花草草，掩映得湖光春色如画。

少年郎们最喜欢的就是放风筝。风吹拂柳的时候，西湖桥上，淘气的少年时常聚作一团，竞纵纸鸢。他们比的可不是谁放得高，而是看谁能割断对方的风筝线。

① 语出白居易《春游》。
② 语出《梦粱录·二月》。

割断线绳看上去是小事一桩，实际上却没那么容易。眼要尖，看风筝引线的强韧度，挑比自己细的下手；力要足，得逮住时机，一举拽断；劲更要巧，风筝线易缠绕，一旦缠绕在树上或是几只风筝缠绕在了一块儿，那可就谁也赢不了了。

在少年此起彼伏的叫嚷声中，烟花艺人也趁热闹在岸边献起了艺。他们随手燃起了烟花，抛上半空，那烟花左旋右转，像一粒火珠滚下地来。只听嘭的一声，烟花爆升，散作火星满地，瞬时就不见了，引得众人鼓掌叫好。还有各种新奇的炮仗，这边是龟儿吐火、鹤儿衔火、药线上的轮儿走火，那边则是在地面空中炸起了梨花朵朵、杏花朵朵，眼睛都顾不过来。

炮仗声吓得胆小的姑娘捂起耳朵，躲在树旁。在明朗的好日子里，女孩子们会结伴出游，于亭台楼阁看山，于湖畔湿地看花。遇见繁花，她们会铺席藉草，圈出一方只属于少女心的小天地，抽花签、飞花令、斗百草、起歌舞，在芳草地上相伴嬉闹。遇见喜欢的花枝，她们或用朱色的小小丝带，或用布条，或用彩纸剪的小旗小花，系在枝上，向花神祈求心愿达成。一阵暖风吹来，花树婆娑，红带飘飘，姑娘们鬓边簪花，手执团扇，追逐着翩飞的蝴蝶，明媚春光里，有看不尽的花，聊不尽的事。

一年四季，城中花讯不断。孟春赏梅，仲春赏樱桃花，三月看月季、碧桃、牡丹、芍药，四月小荷才露尖尖角，到五月就看萱草了，六月有碧莲，七八月间可寻桂，九月把萸采菊，十月观游小春花，十一月夜赏枇杷花，十二月可闻檀香蜡梅。心思活络的手艺人把四季的花样叠拼起来，装在画里，戴在头上，织在衣上，与人长相厮守，这便是宋人流行的"一年景"了。

大概冬日太过孤清，忽见春日可爱斑斓的花朵，人心尤为愉悦。皇宫里，宫人们将各座御园都装饰了一番，楼阁水榭挂上了锦帘绡幕、飞梭绣球，摆上了各种珍奇器物，各种赏花助兴的小玩意如珠翠冠朵、篦环绣段、画领花扇、官窑定器、孩儿戏具、闹竿龙船等也一一准备妥当。等到春和景明的日子，皇帝率领文武大臣和嫔妃们，沿着精心设计好的赏花路线一路游赏。先进梅堂赏梅花，接着到芳春堂赏杏花，到桃源观桃花、粲锦堂看金林檎、照妆亭品海棠，一路走走看看，最后至钟美堂赏牡丹，赏花活动达到高潮。若是暮春时，还会到稽古堂、会瀛堂赏琼花，到静侣亭赏紫笑，在净香亭采兰挑笋，一切春事便在这绿荫芳草间了。

皇宫外，孤山和吴山上，都是探梅花的人儿。富贵公子张镃[1]守着自家的玉照堂，来来回回，就盼着梅枝上的花苞能早日开放。当看到枝上那簇簇红白旋成了花，他不无欣喜地写道："六日新春一再来，直须登树赏花开。攀翻径上枝梢外，不负东风是此杯。"[2]

山茶花也肆意地绽放着，艳艳如春色，皎皎如月华。人说物以稀为贵，春花一季，昙花一时，它却偏偏要开得久。从雪落开到春末，在野地，在深院，山茶朵朵，春色灿灿。

等到二月仲春，万花苏醒，花朝节就到了。《梦粱录·二月望》里写道："仲春十五日为花朝节，浙间风俗，以为春序正中，百花争放之时，最堪游赏。"早在晋代，花朝节就在浙江一带的士人之间流行开来，浙人将花朝节设立在二月十五，也许是为了和八月十五的中秋节两相对应，一曰"花朝"，一曰"月夕"，花月并立，意味着年年岁岁都"花好月圆"。

[1] 张镃（1153—1221？），字时可，后易字功甫，号约斋。南宋文学家，名将张俊曾孙，刘光世外孙。
[2] 张镃《玉照堂观梅二十首（其六）》。

西溪花朝节

这一天的临安城，举目望去，尽是香车缓缓，宝马嘶嘶。看车辙之印，大多是往钱塘门外去的。钱塘门外的玉壶园、古柳林、杨府云洞园，平日就是人们外出踏青的首选，这一天的游人就更多了，摩肩接踵，揭裳连袂。士人们延续魏晋风尚，踏歌而行，觥筹交错，纵情宴饮，百姓则相携出游，自在嬉闹，欢笑声一阵接着一阵，一浪高过一浪。

湖山的游人，至日暮仍来往不绝。吴自牧在《梦粱录·八月祠山圣诞》里感叹道："大抵杭州胜景，全在西湖，他郡无此。更兼仲春景色明媚，花事方殷，正是公子王孙、五陵年少，赏心乐事之时，讵宜虚度？"

到了晚间，城中的天庆观正值老君诞会，燃起万盏华灯，映照得这座官家道观如同白日一般，人们纷纷来此瞻仰求福。崇新门外的长明寺则建有佛涅槃胜会，香烛幡幢，辉煌罗列，堂内佛前供养了奇花异果，张挂了名贤书画，铺设了珍奇物事，"庄严道场，观者纷集，竟日不绝"[1]。

而未等天明，钱塘门外溜水桥、东西马塍的卖花人便已动身进城。马塍有着全城最广阔的花地苗圃，春日是花开百里，锦绣参差。卖花人将采下的新鲜花朵放在马头竹篮中，游走于街巷，不知疲倦地吆喝着。花篮里有牡丹、芍药、棣棠、木香、荼蘼、蔷薇、香兰……似装进了满花圃的春色。人们挑着选着，这些花朵被安置在书案、窗阁、镜边等处，陪伴着人们的日常生活。

## 二、苏轼的桃花

花事月月有，在三月的寒食、清明，人们迎来了桃花。

惊蛰后，桃花便开了。一声雷响之后，蛰虫惊醒，暖风拂面，尚不知双飞而去的燕子几时回来，夹岸桃花便已兀自蘸水开放，于是，"陌上花开，可缓缓归矣"，佳人归家的路途被编织成了三月的烟霞，满目繁花。

人们爱这晴粉的春光惹人，爱春风里柴门前的人面桃花。街头巷尾流传的唐代诗词，大部分都与这种花相关。杜甫的《江畔独步寻花》中云："桃花一簇开无主，可爱深红爱浅红。"他倚着春风缓步前行，温暖使人懒洋洋地发困，突然看到丛丛盛开的桃花，童心忍不住就要跳出来问问，你说，你是喜欢深红色还是浅红色的呢？

深的浅的，都好。元稹的《桃花》写道："桃花浅深处，似匀深浅妆。"都似美貌姑娘浓淡相宜的妆面，让人心怡，可惜就是春风有点不解人意，将那美丽的花瓣吹落在了自己的白衣上，着实让人觉得惋惜。

惋惜的何止是花落？崔护心想，去年今日，我在艳

① 语出《梦粱录·二月望》。

艳桃树下遇见一位可爱少女，她伫立树下，凝眸含笑，令我一直心念。可是今日再来此地，姑娘已不知去向何处，只徒留那树桃花，依然夭夭如初。"桃花依旧笑春风"，《题都城南庄》里的桃花有多美，惆怅便有多深。

还是李白豁达，看花开，看花落，看花随着流水远去，年少时的影影绰绰沾着花香和酒意，最后停留在碧山之中。有人疑惑不解地问他，为何幽居在此？他只笑而不答，留下一句"桃花流水窅然去，别有天地非人间"[①]，令世人向往。

桃花、流水、美人，在春日的这场盛大花事里，满城的人声欢动、车马辚辚，"不论贫富，倾城而出，笙歌鼎沸，鼓吹喧天"[②]。女人们化了桃花妆，男人们叹着桃花诗，日里只为赏花忙。在皇城的后花园里，也许皇帝也曾效仿过唐玄宗，在灼灼桃花中，为爱妃簪上一朵含苞待放的桃花。

看桃花的地方实在太多。城南，有包家山，《梦粱录·园囿》中写道："山上有关，名桃花关，旧匾'蒸霞'，两带皆植桃花，都人春时游者无数，为城南之胜境也。"

城北，有栖霞岭，"在钱塘门外显明院之北，旧多栽桃花，开时烂然如霞，故名之"。

城西呢，有桃源岭。在后来明代的《西溪百咏》上有记载："桃源岭，在西溪之东，方井之南，落花流水，鸡犬桑麻，宛如渔人问津处。"

想想在满山遍野之中，只有桃花灿然一片，仿如云蒸霞蔚，是多么摄人心魄。

①语出李白《山中问答》。
②语出《梦粱录·清明节》。

山上成势的桃花，大多是有专人打理的私家园林，如王保生、张太尉等园，从正月开始一直到三月，园林都会向民众敞开。人们扶老携幼，呼朋引友，带着点心、酒肴和坐毡来到园中，又是斗酒又是歌唱，好不热闹。江湖艺人们自然也不会错过这段招揽生意的好时机，于花下摆摊卖艺、逞技赚钱，人们赏得尽兴，看得尽兴，难得一日春光闲。

若不想费劲跑动，城中也是有花可遇的。城中的茶坊，店家会在桌上花瓶里置上新鲜的桃枝。开始只是枯褐的枝条，不过几日便鼓出了点点粉红和绿芽，很多人会叫上一碗清茶，坐着等好几个时辰甚至好几天，就为看枝上绽开的第一朵春色。

喝罢了茶，出门转入春风楼，当季最火的当是桃花酒。酿酒人摘下清晨带露的半开桃花，取一斗一升，和入酿好的红曲酒中封坛安放，待到来年桃花开放，便可解封取酒了。那时酒色微粉，带着山林的花香，还未入喉，人已醉了三分。

但，茶、酒怎解得花瘾？况且，远远照眼的明艳，哪及坐在一树花影和光影下，看着花叶拂地也不为所动的自在满足？所以，还是要去看花，去看苏堤上的桃花。

"西湖景致六吊桥，一株杨柳一株桃。"苏轼也没想到，他当时疏浚西湖用淤泥葑草堆筑起的这条堤岸，会在南宋宫廷画家的笔下成为"西湖十景"中的一道景致。他的一生坎坷不定，北至定州、南至儋州、东至登州、西至凤翔，兜兜转转几乎跑遍了整个大宋的疆域，每处待过的地方都留有他的印迹和佳话。在西湖留下的，则是一条最美的堤岸。

北宋熙宁四年（1071），耿直的苏轼上书论及新法的弊病，王安石知道后颇感愤怒，让御史谢景在宋神宗面前陈说苏轼的过失，于是苏轼自请出京任职，被授为杭州通判。杭州的官邸设在凤凰山，是个绝好的观赏位置，从山顶俯瞰，夹在钱塘江湾与西湖中间，正是热热闹闹的杭州城。在晴朗的日子里，南边，可以望得见钱塘江面的萦回舟船，百里不绝；北边，可以望得见西湖边的环绕云山，庙宇与楼阁点缀于山坡之上；东边则是钱塘江湾，惊涛拍岸不绝于耳。至初更时分，水岸周边箫歌渐起，灯火明亮，若看得哪处比别处更亮些，那便是夜市所在。在夜市中逛得几回，街上的奇巧玩意、玲珑杂货，饶是他见多识广也叫不上名字。他不禁写下"未成小隐聊中隐，可得长闲胜暂闲。我本无家更安往，故乡无此好湖山"[1]，抒发自己的愉悦之情。

苏轼在这里度过了自在快活的三年，等再一次过来，已经是十六七年后了。元祐四年（1089），司马光执政，新法尽废，苏轼又因刚正不阿的性格陷入政治斗争的旋涡，为顾君臣两全，他恳请外任，后以龙图阁学士的身份出任两浙西路兵马钤辖[2]兼杭州知州，再次回到了杭州。

杭州那几年并不太平，先遭涝灾，又遇干旱，西湖的情况更为糟糕，湖面有一半已被杂草淤塞，面临湮废。元祐五年（1090），他呈报《乞开杭州西湖状》，列举了西湖必须要疏浚的理由，请求朝廷予以支持。状上字字句句皆指要害："杭州之有西湖，如人之有眉目，盖不可废也。……父老皆言十年以来，水浅葑横，如云翳空，倏忽便满，更二十年，无西湖矣。使杭州而无西湖，如人去其眉目，岂复为人乎？"没了西湖，杭州也就衰败了啊！

朝廷回应了。不日皇帝下旨，苏轼不胜欢喜，即择

① 苏轼《六月二十七日望湖楼醉书五首（其五）》。
② 两浙西路兵马钤辖，管辖两浙西路七个州的军政，包括现在江苏的部分地区。

吉日开工。没用几个月，西湖中私围的葑田尽被拆除，湖上的葑草也一并尽去。他组织人把从湖中深挖出来的大量葑泥在湖中偏西的位置筑成了一条沟通南北的长堤，将一湖界分为二，西面称里湖，东面称外湖。为方便观湖游舫能往还于里外两湖，堤上造了六座石拱桥，取名为映波、锁澜、望山、压堤、东浦、跨虹，每一座桥名都带着湖水的浪漫。他还在湖中深潭处立了三座小石塔，相望为界，人们不能在界内种植菱藕，以免湖水再次被菱草堙塞。

这项壮举，他在多年以后回想起来，依然觉得骄傲："我来钱塘拓湖渌，大堤士女争昌丰。六桥横绝天汉上，北山始与南屏通。"①

他在堤上种下了桃花。也许，是想起了还是年少时溪水旁的那些桃花。那花不等绿叶萌发，便争先盛开了，密密麻麻，缀满树枝，以至都看不到一根桃树的枝条了，路人驻足观赏，却惊吓到了水中的鱼儿，鱼尾溅起的水珠将桥上看花人的鞋裤都沾湿了。也许，是想起了在黄州的那些日子，漫山遍野和水边的桃花灿烂如锦，粉红云霞满天，水里是捕鱼的青箬笠、绿蓑衣，"斜风细雨不须归"。也许，是想起了元祐元年（1086）的春天，"乌台诗案"之后他东山再起，在都城汴京的宫中锦袍加身，阳光下他看着惠崇那幅刻画细腻的《春江晚景图》，三两枝桃花的诱惑在内心招摇，也在春光里风姿绰约，让他犹如身临其境般回忆起江南的美好，回忆起那浸满全身的桃色与香气。

在花苞于西湖边绽放的那一刻，苏轼的桃花又回来了。满树满枝的桃花，穿插在万缕青丝之中，绵延数里，旖旎地依在湖边，生生不息，如梦似幻，有着一语无尽的灿烂。

①苏轼《轼在颍州与赵德麟同治西湖未成改扬州三月十六日湖成德麟有诗见怀次韵》。

# 三、可爱深红爱浅红

桃花依旧年年开着，告别了李唐、赵宋，迎来了朱明。

有个性的明代文人，看花都有自己的独到之处。

比如说高濂①。他在虹桥附近修筑了一座山满楼，小楼赏湖绝佳。一年四季，他大多闲居在此，倚阑玩堤。他写有一本《四时幽赏录》，四时情趣中的一大闲事，便是看苏堤的桃花。

桃花妙观，其趣有六——

其一，在晓烟初破，霞彩影红，微露轻匀，风姿潇洒，若美人初起，娇怯新妆；

其二，明月浮花，影笼香雾，色态嫣然，夜容芳润，若美人步月，丰致幽闲；

其三，夕阳在山，红影花艳，酣春力倦，妩媚不胜，若美人微醉，风度羞涩；

其四，细雨湿花，粉溶红腻，鲜洁华滋，色更烟润，若美人浴罢，暖艳融酥；

其五，高烧庭燎，把酒看花，瓣影红绡，争妍弄色，若美人晚妆，容冶波俏；

其六，花事将阑，残红零落，辞条未脱，半落半留，兼之封家姨无情，高下陡作，使万点残红，纷纷飘泊，或扑面撩人，或浮尊沾席，意恍萧骚，若美人病怯，铅华消减。②

①高濂，约生于嘉靖初年，主要生活于万历（1573—1620）前后。明代戏曲作家，能诗文，兼通医理，擅养生，撰《遵生八笺》。
②语出高濂《四时幽赏录·苏堤看桃花》。

苏堤桃花

或轻烟未尽，或薄雾还存，或夜月朦胧，或细雨霏霏，或酒意微醺，或寄意恍惚，这漫漫桃花总难免会让人生出许多绮丽遐想，高濂看来看去，总结了六种赏法，自信满满地说，这上乘妙趣"惟真赏者得之"。

最动人的，莫过于晨曦初露下的桃花。那时烟霭未尽，轻风拂面，清露均匀地洒在花瓣之上，映衬得花儿娇嫩可爱，宛如美人初醒，暖衣轻绯，对镜慵懒贴新妆。

雅致的，是月下桃花。天空一片青黛，月光如水倾泻，桃花"夜容芳润"，妙在朦胧，就像美人执扇缓缓行来，和月流动，衣袖流香。

微醺的，是暮色桃花。春日将阑，斜阳西下，碎光飘洒在繁花之间，影红花艳，酣春力倦，如美人泛起的涟漪酒意，在眉间流转。

迷醉的，则是细雨湿花。清风相和，雨雾相伴，一树的柔意缱绻，疏疏密密，浓浓淡淡，如美人出浴，在一片迷蒙水汽之中，只见她眉目含笑，"暖艳融酥"。

若有友人携酒前来，那便置在这桃树下吧。花下红灯百盏，映照一树流火，亦饮亦赏，酒醉人而花亦醉人，大可醉眠席地、放歌咏怀，"使花片历乱满衣"。偶一阵风吹，一两瓣儿桃花儿飘入杯盏，权且饮尽，任花光软漾在脏腑间。

即便春意将尽，残红零落，花也如美人病怯，惹人怜爱。草木都是多情客，花落也是以它最美的姿态，陪你一程山峦、一路水流，任你桃李春风一杯酒，聊以慰风尘。

"知花者"难觅，"真赏者"难寻，能与高濂有共鸣的，袁宏道[①]是一位。

万历二十五年（1597）的春日，三十岁的袁宏道初到杭州。他从武林门向西一路闲逛，眼看着高耸在层层山崖中的保俶塔，心却早已飞到西湖上了。等到中午进入昭庆寺，喝完了茶，他便划着小船进入湖中。

这个时节，岸边的颜色渐渐显现，山色葱绿，形若美人的黛眉；岸上桃花嫣红，恰似少女的面颊；湖上和风，如同酒香一样醉人；湖中波纹，似白绫一样细软。甫一抬头，身心都沉醉了。他想用一个词来描绘，但此时此刻却什么都写不出来，这种情形大约像曹植梦中初次遇见洛神一样。

他本是来看梅花的，因为"今岁春雪甚盛，梅花为寒所勒，与桃杏相次开发，尤为奇观"[②]。他在这待了好几天，他的好友陶望龄多次跟他说：袁兄啊，傅金吾园

①袁宏道（1568—1610），字中郎，号石公，明代文学家，撰有《初至西湖记》文。
②语出袁宏道《晚游六桥待月记》。

中的梅花，就是原来南宋张功甫家玉照堂的老梅，正在开花，赶紧去看吧，迟了怕要谢啦！这位向来要看珍花、奇花的人，要搁平日，老早就赶过去了，此时却被桃花晃得上了头，不忍离开湖上。

从断桥到苏堤这一带，绿柳如烟，桃红似雾，弥漫二十多里，到处都传扬着歌声和器乐声。年轻的女子们香汗淋漓，衣着华丽的富家子弟往来不绝，多得像堤边的春草，真是美丽妖艳到极点。但杭州人游湖，限于午、未、申这三个时辰，袁宏道觉得未免太过遗憾。其实，湖光染绿、暮烟凝聚在山间的佳景都出现在旭日初升或夕阳还未落山之际，有了它们，才能把西湖浓媚的姿态渲染到极点。月景尤其难以用言语形容，花与柳的情态，山与水的情意，另有一番趣味。他想，这种快乐怎么能讲给那些俗人听呢？

也就怪不得这位堂堂的大文学家日后会撒娇说："我生病了，要去西湖才能好起来。"

> 弟以病得休，挂帆归矣。每闻西湖之胜，欲于灯节前后，杖藜一来。湖水可以当药，青山可以健脾，逍遥林莽，欹枕岩壑，便不知省却多少参苓丸子矣。[①]

普通百姓没有那么多讲究，美好的事物向来不都是雅俗共赏的嘛，你有你的雅致风情，我有我的简单快乐，哪里花盛人多哪里就是好去处。

人们去得多的是皋亭山。皋亭山是钱塘江腹地一道拔地而起的屏障，曾有着金戈铁马的岁月。吴越王钱镠曾在此带兵抗敌，修筑了十里石城。到了南宋，宋高宗在杭州还没有站稳脚跟，就遭遇"苗刘兵变"，大将韩世忠在皋亭山英勇击溃叛军，才为宋高宗建立南宋王朝

①语出袁宏道《汤郧陆》。

扫平障碍。还有那气壮山河的"皋亭抗论",右丞相文天祥前往皋亭山与兵临城下的元军谈判,结果元朝丞相伯颜一言不合,拘捕了文天祥,一句"但欠一死报国,刀锯鼎镬,非所惧也",在南宋灰暗的天空划过一道耀眼的光芒。

战争总是令人伤感的,人们更愿意流传那些美好的故事。传说,古时的皋亭山下住着一位张姓的农夫,某年大旱,稻田颗粒无收,到了年关时节,眼看揭不开锅了,张农夫被逼得走投无路,便横下一条心,带上柴刀前往山上去劫些财物。在荒寂的山路上,他遇见一位布衣老者,孑然一身,身形微偻,缓缓向深处行去。张农夫心中天人交战,双手发颤,险些要握不住手中的刀,失魂落魄般跟在老者的身后。老者见他如此,心里了然,便递给了张农夫二十枚铜钱和一根桃枝,劝他不可行错路。恍惚间,张农夫已不记得老者说了什么,只依稀记得这位老者姓"陶"。

珍贵的二十枚铜钱让农人渡过了最难熬的关口,数十年后,他小有积蓄,便在皋亭山西侧的一处山坞栽满桃树,以报昔日老者的搭救之恩。此后,皋亭山便一改先前的贫瘠境况,春风暖月,桃花次第盛放,就此成为一方胜景。这个山坞后来被人们改称为"桃花坞",成就了后世杭州文人们在"西湖赏月"之外的另一桩风雅之事——"皋亭观桃"。

从唐宋至清的千年间,山间的桃色灿若云锦,南宋时,连宋高宗也要来探探:"皋亭山下旧桃源,刘阮忘归我也然。循辇有香春草细,翩翩清兴若登仙。"[①]在那条从桃源到显宁寺的辇道上,赵构触目繁花春草和扑鼻的桃花暗香,如同进入仙境,欣然自得而忘却了归途。

①宋高宗《桃花吟》。

到清代，皋亭山的桃花更盛，安徽祁门人马曰璐为它写过一首非常美的诗——《杭州半山看桃花》：

山光焰焰映明霞，燕子低飞掠酒家。
红影到溪流不去，始知春水恋桃花。

盛开如云似霞的桃花，红得像火焰一样耀眼，从山脚看上去，就像是彩霞降到山腰，又像是桃花开到天上，桃花和明霞连成一片。喜好春赏的人们会乘船从东河出水城门行上塘河，如花汛般赶往皋亭山看这片烟红。来自杭嘉湖苏等地的蚕农也会结伴而来，穿过重重桃花掩映的最美山径，祈求半山娘娘保佑蚕茧丰盛。史官在《康熙仁和县志》中是这么记录的：

皋亭山……山前后桃花最繁，延播十里。游人载酒往来，妇女入半山祈蚕，清明时络绎不绝。

清代大儒阮元尤爱桃花。他曾任浙江学政，后又两任浙江巡抚，从乾隆六十年（1795）至嘉庆十四年（1809）的十余年间多待在杭州，他每逢上巳、清明，便止不住地要去看看山坞里的桃花。在丁丙的《武林掌故丛编》中可以看到阮元对桃花的"执着"。

嘉庆三年（1798），正逢桃花盛开时节，但杭州连续下了二十天雨，这对于急着要到半山踏青赏桃花的阮元来说，有点心焦。一日盼着一日，雨终于停了，他赶忙约上好友，坐着小船沿着上塘河直奔皋亭山。当船在半山桥靠岸后，只见蓼汀花溆，团团嫣红，他们在桃花丛中饮酒吟诗，直到远处传来隐隐的雷声，才醉意方醒，登舟返回。

嘉庆五年（1800）的上巳，天气宜人，已升任浙江

阮元像

巡抚的阮元邀请好友坐着画舫，慢悠悠地摇到半山。桃树
下，他们沿水而席，诗句唱和，这场"半山修禊"比起
东晋永和九年（353）的"兰亭集会"，在青水流淌之间
又多了份桃花的娇婉。

　　在嘉庆八年（1803）的二月，阮元到海宁一带检
查海塘，回舟时特意从临平过半山看桃花。一路望去，
"皋亭万树桃花红，李花三千争暖风。梨花淡白不相竞，
菜花满地黄蓬蓬"①，溪边的桃花与坡上的李花、田间
的菜花、农家的梨花组成的烂漫花光，令他如痴如醉。
千红万紫不来看，花自春风人奈何，莫要负了这美好的
春景。

①语出阮元《癸
亥闰二月海塘回
舟半山看桃花作
歌》。

嘉庆十年（1805），半山的桃花又开了，阮元由于公事在身，不能赶赴一年一度的半山修褉之会，特地嘱咐弟弟阮亨邀请文人朋友们前往皋亭山踏青观桃，他一一翻阅着朋友的诗作，感觉自己也同在溪畔，与他们桃李春风一杯酒。

文友唱和，自古及今，向来是诗人生活中不可避免的一项仪式，尤其是文人修褉之雅集。试想，在春天烟雨霏霏的山野中，远望是一大片艳丽欲滴的桃花，俯首是潺潺流水中微动的花影，怎不令人诗绪上涌？阮元向往的兰亭雅事，在这山林桃花间延续，诗人们依次列坐，任风吹桃瓣，缓缓落在酒杯之中，一花一酒，恰似曲水流觞，一觞一咏，多么逍遥自在。正是"迎眸山色一痕青，修褉人来画舫停。一种桃花与修竹，皋亭原不让兰亭"①。

桃花树下的文人雅集，成为皋亭山间最美的诗人图景，即便后来阮元已经调往他处任职了，他弟弟阮亨仍然每年到半山观桃、修褉。嘉庆二十年（1815）三月，阮亨至佛日寺，看到了寺僧所作的《皋亭云隐图》，心有所感。他在寺中小住数日，将友人们历年所作唱和之作辑成了《皋亭倡和集》交给寺僧。阮亨的希望是"随检旧稿写付之，留作山中故事，为将来重寻鸿爪之券"。

谁寻来了呢？一百二十年后，郁达夫与友人寻来了。这位高冷的文艺青年原先还曾吐槽说："一年四季，杭州人所忙的，除了生死两件大事之外，差不多全是为了空的仪式……甚至于四时的游逛，都列在仪式之内，到了时候，若不去一定的地方走一遭，仿佛是犯了什么大罪，生怕被人家看不起似的。"②但你看，他还是免不了"俗"地去了。他们登高望远，看见的是杭州城里的烟树人家与钱塘江南岸的青山。曾经的青砖石瓦，已静静地沉睡

①陈文述《庚申上巳云台师偕诸同人于皋亭山修褉作图纪事》。
②语出郁达夫写于1934年3月的《杭州》一文。

在皋亭山的深处，唯有桃花，仍唤得人声兴旺。

　　桃花夭夭，欢事短暂。只记得韶华胜极，春风如醉，就好。

赏春光

◎赏桃花——苏堤、半山

苏堤春晓是南宋"西湖十景"之一，三月桃花盛开，游人无数，竞相游湖赏花，《武林旧事》记载清明节前后游湖盛况时就写道："苏堤一带，桃柳浓阴，红翠间错……"明代文人张岱在《西湖梦寻·苏公堤》中回忆道："此真旷古风流，熙世乐事，不可复追也已。"皋亭山的观桃之俗，以南宋为始，清人丁澎在《皋亭显宁寺志序》记载："太平全盛时，缘山十余里，多种桃树，每岁春和花开，烂漫如锦，游人争放小艇泊花下，饮酒赋诗。"

◎赏牡丹——钟美堂

南宋皇家偏爱牡丹，时常会在钟美堂举行规模盛大的品赏会。《武林旧事·赏花》记载，牡丹花会的时候，钟美堂内"左右各列三层雕花彩槛，护以彩色牡丹画衣，间列碾玉水晶金壶及大食玻璃、官窑等瓶，各簪奇品，如姚、魏、御衣黄、照殿红之类几千朵，别以银箔间贴大斛，分种数千百窠，分列四面。至于梁栋窗户间，亦以湘筒贮花，鳞次簇插，何啻万朵"，令人叹为观止。

◎逛花市——东西马塍

吴越时期，此地为养马之地。宋代，水土肥沃的马塍成为杭州花卉种植地。《淳祐临安志》记载："东西马塍，在余杭门外羊角埂之间，土细，宜花卉，园人多工于种接，为都城之冠。"南宋诗人陈允平作的《马塍道上》，描绘了马塍地区一幅美丽的风景画："闲拖瘦竹筇，独步马塍东。鸟影青山外，春愁碧树中。麦潮风化蝶，樱熟雨生虫。莫过溪头去，溪头多落红。"

◎看菜花——八卦田

八卦田多认为是南宋皇家籍田。《西湖游览志·南山胜迹》记载："宋籍田，在天龙寺下，中阜规圆，环以沟塍，作八卦状，俗称九宫八卦田。"《四时幽赏录·春时幽赏》里记八卦田看菜花："菜花丛开，自天真高岭遥望，黄金作埒，碧玉为畴，江波摇动，恍自河洛图中，分布阴阳爻象。"

◎看晓山——保俶塔

保俶塔位于宝石山上，初建于五代吴越忠懿王钱俶年间（948—978），从这里俯瞰西湖，景致极佳，《四时幽赏录·春时幽赏》里记保俶塔看晓山："山翠绕湖，容态百逞，独春朝最佳。"宝石山山体属火成岩中的凝灰岩和流纹岩。在阳光映照下，裸露的山体色泽似翡翠玛瑙，尤其是在朝霞初露的早晨或落日余晖时会呈现出五彩缤纷的迷人色彩。后人称此景为"宝石流霞"，20世纪80年代入选"新西湖十景"。

◎看流水——枕流亭

下天竺曾有御园，每年暮春，在枕流亭有个固定节目——开闸放水。时间一到，只见万点桃花随流而下，南宋文学家周必大曾有诗记录了当时的情景："万点红随雪浪翻，恍疑身到武陵源。归来上界多官府，人与残花两不言。"

◎摘野菜——郊外

周密所著《武林旧事·挑菜》中有记载，每年的二月初二，宋朝的皇宫里都要举办"挑菜御宴"。御宴上不仅要吃野菜，还有"猜野菜"的游戏环节。太监、宫女们会提前准备好朱绿花斛，"下以罗帛作小卷，书品目于上，系于红丝，上植生菜、荠花诸品"。每逢花朝时节，百姓们也会奔赴郊外采摘野菜，享用鲜嫩的时令美味。

◎ 寻野趣——艮山门一带

艮山门一带自宋元以来，是"杭纺"的主要生产地。城东百姓在这里繁衍生息，多以植桑、养蚕、缫丝为业，种有连片的桑林。《四时幽赏录·春时幽赏》里记登东城望桑麦："春时，桑林麦陇，高下竞秀，风摇碧浪层层，雨过绿云绕绕。……自多村家闲逸之想，令人便忘艳俗。"

第三章

不如归去来，萧洒桐庐郡

一折青山一扇屏，一湾碧水一条琴。

无声诗与有声画，须在桐庐江上寻。

——〔清〕刘嗣绾《自钱塘至桐庐舟中杂诗》

## 一、到睦州去

北宋景祐元年（1034）的正月，随着宋仁宗一道圣旨落下，四十六岁的范仲淹还没来得及好好赏赏元宵的灯会，就被贬出京都了。

如果不算上次为反对刘太后专政而自请出朝，那么这次是他第一次被贬出朝。原因呢，是管了仁宗的家事。

仁宗执意要废郭皇后，是因为郭氏成为皇后是刘太后的安排。仁宗对刘太后是有怨的，范仲淹虽然在刘太后这里也吃过亏，但一码归一码，他觉得郭皇后并没过错，于是直言陈词，要求尽早停止废后的商议，仁宗不见他，他就率十余名官员跪在垂拱殿外集体请愿。这下，仁宗顿觉有点下不了台了，被惹怒的仁宗第二天就下了贬谪敕令，派人立即押送各位台谏离开汴梁。作为此次风波的带头人，范仲淹从右司谏的位置被贬到了睦州当知州。

按理说，从繁华的京城直接被抛到远在东南山窝窝里的小地方，多少总会令人有点不开心。但是，作为"半个旅行家"的范仲淹听闻贬谪之地是睦州时，当即便收

范仲淹像

拾行李,乐呵呵地带着妻子儿女离京就任去了。

苏州人范仲淹对睦州是满怀憧憬的。睦州早在隋文帝时便设立了,此后所辖地区多有调整,今天的桐庐、建德、淳安等地都曾归属睦州管辖。地处江南,又有富春江、新安江、兰江三江交汇,这块山水丰美之地在范仲淹到来之前便有许多名人打过卡了。

有人乘舟而行,看"风烟俱净,天山共色"。著有《齐春秋》的吴均[1]在写给好友朱元思的一封信里是这么说的:

风烟俱净,天山共色。从流飘荡,任意东西。自富阳至桐庐,一百许里,奇山异水,天下独绝。[2]

当年,在经过富阳到桐庐那一段江面时,风停了,云雾消散尽净,高爽的晴空一尘不染,与青青远山融为一色。吴均让船夫不用急着摇橹,船就这么顺着江流,向东,向西,随意漂荡着。

[1] 吴均(469—520),南朝梁文学家、史学家。
[2] 语出吴均《与朱元思书》

入夜新安江

　　"朱兄你看，满江的水都是青白色的，清澈到即便水深千丈也可以看见江底，水面平静的时候，可以很清楚地看到水里那些游动的鱼儿和细小的石头。若遇到急流，那就是另一番景象了，湍急的水流比箭还快，凶猛的巨浪就像高跃的骏马。

　　"夹江两岸是连绵的山峦，彼此争着往高处和远处伸展。群山笔直地向上，直插云天，形成千百座山峰。有时山间极为安静，能听得到泉水激石的泠泠声，听得到鸟儿鸣叫的嘤嘤声；有时山间又极热闹，蝉鸣猿啸，四处不绝。在这段江面航行，感受到美的不仅是眼睛，还有耳朵。

　　"这一百里左右的路程都是这么一片绝美空灵的山水，朱兄啊朱兄，那些追逐功名利禄的人如果也能看一看这些雄奇的高峰，心也许就平静下来了；那些整天忙于政务的人如果看一看这些幽美的山谷，也会流连忘返的。"

有人月夜游访，坐等那"墙上秋山入酒杯"①，比如才子方干②，他是睦州本地人，哪里有好景，跟着他走便是。夏日里，他喜欢去睦州城中的环溪亭。环溪环溪，顾名思义就是建在溪间的小亭。方干觉得这里的景致就像陶渊明笔下的桃花源一样。溪边丛生的野花已凋谢了一半，但还是被纷飞的蝴蝶所迷恋，白色的鸟儿成双地飞起又落下，丝毫不回避来往的行人，可爱极了。溪中荷花开得正盛，如果你在亭中从日暮坐到月出，衣服和佩巾都会浸满荷香。

等到秋日，方干则会到千峰榭。从山间的一条小道上去，就可寻到千峰榭。夜色中，深幽隐蔽的红色大门如同隔绝人间与天境的屏障，从此处进入便到了天上瑶台。露蝉带着悠长的叫声穿林而过，斜行在沙洲上的水鸟向榭边的池塘飞来。也用不着点灯，窗中自有初生的明月照在琴榻上，墙上图画中的秋山直接可照映在酒杯中，让人不禁发出一声感叹：这尘世之外的仙境，想来只有像羊祜那样有着超凡脱俗的才华的人，才能感受得到啊！

有人江边闲步，用"中酒落花前"排解失意，比如睦州的前任长官杜牧。唐会昌六年（846），继被外放黄州、池州之后，杜牧来到睦州。前几年的奔波劳累让杜牧精疲力竭，眼下到了睦州，看着好山好水就想出门走走，以排解心头的忧绪。他在《睦州四韵》里写道：

> 州在钓台边，溪山实可怜。
> 有家皆掩映，无处不潺湲。
> 好树鸣幽鸟，晴楼入野烟。
> 残春杜陵客，中酒落花前。

睦州的山水着实惹人怜爱，远处的人家掩映在绿林中若隐若现，溪水遍布山石之间潺潺流淌。葱郁的树丛

①语出方干《题睦州郡中千峰榭》。
②方干（？—约888），唐代诗人。

杜牧像

中时而传来小鸟的鸣叫声，晴光中的小楼上萦绕着缕缕野烟，四周一片幽静迷蒙。面对眼前的片片落花，还想这么多作甚？喝个酩酊大醉，也算不亏待了睦州城这些令人心醉的美景。

　　杜牧身世富贵，杜氏从晋到唐都是名门望族，当时有"城南韦杜，去天尺五"的说法。他的爷爷杜佑是唐朝宰相，他小时候住的房子是"旧第开朱门，长安城中央"[1]，在市郊还有樊川别墅，但后来家道中落，在壮年时期又历经风波，先后被外放宣州、黄州、池州、睦州等地，解闷的唯有酒、风、雨、花、树、笛、棋。思考了很多年，杜牧最终与命运和解，毕竟"屈指百万世，过如霹雳忙"[2]，"人生直作百岁翁，亦是万古一瞬中"[3]。人生短暂，饮酒行乐才是正事，浮华世间，除了写诗，其余都是虚名。

范仲淹有着与杜牧同样的感叹。相隔一百八十多年后，在同样一个寒风料峭的正月里，范仲淹带着一家老小向睦州出发了。

舟行缓慢，即便是日夜兼程，到达睦州也得要三个月。这三个月来，范仲淹是一路赏美景，一路作诗文，好不惬意。

是时，江南正进入最美的时节，春和景明，波澜不惊，上下天光，一碧万顷。范仲淹觉得古人诚不欺他，他在雨后体会了谢灵运眼中"江山共开旷，云日相照媚"①的妙境，也停驻在孟浩然笔下的小岛，享受"野旷天低树，江清月近人"②的清净。

他写下《谪守睦州作》："重父必重母，正邦先正家。一心回主意，十口向天涯。铜虎恩犹厚，鲈鱼味复佳。圣明何以报，没齿愿无邪。"面对自己的抱负，面对官场的起起伏伏，看到了"鲈鱼味复佳"的另一个天地。

偶尔，他也会遇到一些危险。比如在过淮河的时候，忽然起了风浪，风越刮越大，人都站立不稳，船只歪东倒西的，就像蛟精鼍怪在施法作乱一样。一船的人都胆战心惊，孩子吓得哇哇大哭，范仲淹只能一遍遍地安慰着家人，说"不怕不怕，很快就过去了"。果然，接近傍晚，风平浪静，夕阳也出现了，打鱼的船只撒开了网，渔人悠悠地唱着歌。一船死里逃生的人顾不上换掉被雨打湿的衣衫，立马就把酒摆上，伴着夕阳畅饮了起来。

范夫人其实很担心，范仲淹身体不太好，又舟车劳顿，万一撑不住了怎么办？他倒是很豁达，还写诗安慰夫人，"妻子休生咎，劳生险自多""平生仗忠信，尽室任风波"③。说你也不要太过担心和责怪我，朝堂上提意见是我的职责所在，当官嘛，总是有风险的，我此次被贬去睦州纯属正常。要怪就怪风浪吧，我们安心坐船，等风浪过去，一切危险自然也就烟消云散了。

舟过重山，离都城中心的风波越远，范仲淹的心情就越发开阔起来。他一气呵成写下《出守桐庐道中十绝》，通畅淋漓，有着"悠然轻万钟"的豪放，也有"沧浪无限清"的憧憬。眼见睦州近在眼前了，他的喜悦越发明朗：

> 沧浪清可爱，白鸟鉴中飞。
> 不信有京洛，风尘化客衣。
> 风尘日已远，郡枕子陵溪。
> 始见神龟乐，优优尾在泥。

就这样，他们终于在四月中旬到达了睦州，十个月的任期也就只剩七个月了。范仲淹到任后，先是写了《睦州谢上表》，感谢宋仁宗"赎以严诛，授以优寄"的宽仁做法，而后给自己的老师、当时的文坛大咖晏殊寄了封信。

信用骈文写就，辞藻华丽而有韵味，讲述了他从贬谪到上任的全部经历。除了开头交代南下的行程外，其余都在说睦州怎么好怎么好：

"……群峰四来，翠盈轩窗，东北曰乌龙，崔嵬如岱，西南曰马目，秀状如嵩。白云徘徊，终日不去。岩泉一支，潺湲斋中，春之昼，秋之夕，既清且幽，大得隐者之乐……"[1]他在信里说：这地方四面环山，东面高峻的乌龙山貌似泰山，西面秀美的马目山状似嵩山，这里每日白云缠绕，溪水潺湲，无论春秋都是一样清幽。更何况，这里前有无数文人墨客留下的胜迹，现还有两个会琴棋

①语出范仲淹《与晏尚书书》。

书画诗词歌赋的同僚做伴，我不想回去了，桐庐是个好地方啊！随信一起过去的，还有他写的关于睦州的一卷诗文。

不知在京城那头忙得焦头烂额的晏殊在看到信后是何感想，范仲淹是真的非常享受这里的生活，他给好多朋友写了信，对孙明复说"某至新定（新定即睦州），江山清绝"，对李泰伯说"此中佳山水"。创作灵感也是源源不断，后人初步统计，在睦州任职期间的短短几个月里，范仲淹创作了人生六分之一的诗作。其中，留给睦州最真情实感的诗作之一就是《萧洒桐庐郡》。

## 二、萧洒桐庐郡

得好好说一说《萧洒桐庐郡》。

萧洒，同"潇洒"。《萧洒桐庐郡》是一套组诗，自它出世，在往后的近千年时光里，桐庐郡便与"潇洒"紧紧地联结在了一起。历来的文人学者对这组诗推崇至多，宋代大学者王十朋[1]写过这样一段评价：

> 公初为睦州，有《潇洒桐庐郡》十诗，郡人尝以"潇洒"名亭矣。及为是州，又有"斋中潇洒过禅师"句。诗言志，公所至以潇洒见于诗章，则胸中之潇洒可知也。[2]

王十朋觉得，"潇洒"一词，恰是范仲淹的风骨精髓，他敬仰范仲淹"先天下之忧而忧，后天下之乐而乐"的胸怀，赞叹"其正色立朝之风采、仗钺分阃之威名、经世佐王之大略，是皆推胸中潇洒之蕴而见之于为天下国家之大者也"。

[1]王十朋（1112—1171），南宋政治家、诗人。
[2]语出王十朋《潇洒斋记》。

〔明〕邵弥《桐江归棹图》

　　在睦州的潇洒，自有一份豁达淡定的自在。从十首《萧洒桐庐郡》中，你可以看到从日出到日暮，范仲淹与此处山水相伴的一程。

　　"萧洒桐庐郡，乌龙山霭中。使君无一事，心共白云空。"美好的一天，通常从开门见山开始。乌龙山是睦州最显眼的一座山峰，范仲淹在信里和诗里都提到过，因为山石乌黑，山体巍峨，蜿蜒如龙，故名"乌龙"。乌龙山山顶的风光是绝好的，远眺有玉泉寺的南北双塔遥遥相望，佛音悠远，俯瞰有三江的壮美汇流，整个严陵人家尽收眼底。放眼望去，没有哪座山能有这般气势，因此，这里的百姓也把乌龙山看成是"一郡之镇山"。

　　睦州的州治梅城，就在乌龙山的南麓。清晨，范仲淹一睁眼，便可看到窗外的青山。山区多云雾，晨光中的乌龙山，经常处于雾霭之中，忽隐忽现。等到天光大亮，雾气散去，心境也随之变得一片开阔，闲无一事，

身体仿佛和山尖的云朵融为一体，轻柔而舒软，整个人都变得潇洒空灵起来。打开门窗，就像解除了喜悦的封印一般，烦心自消。

这个体验感是可打五星的，范仲淹毫不吝啬地点赞道："萧洒桐庐郡，开轩即解颜。劳生一何幸，日日面青山。"都说仁者乐山，百姓们又何尝不乐山呢？在这里辛劳一生的人们是多么幸福啊，能够每天面对着绵绵青山，何其潇洒悠哉。

山区民风淳朴，上班路上，范仲淹总会遇到热情打招呼的乡亲。树荫下，许多人家相聚聊天，大人们在讨论出江打鱼的收获，小小孩童们在旁边开心地绕圈追逐，老人家靠坐在树下，笑眯眯地看着孙儿们玩闹。这让见多了官场上尔虞我诈的范知州心里暖暖的。你看，"萧洒桐庐郡，全家长道情。不闻歌舞事，绕舍石泉声"。两耳不必听着京城喧嚣的歌舞乐事，只需听听环绕房舍潺潺流过山石的泉水的声音，心就满足了，多么潇洒超脱。

中午闷热，倦意正浓，公干之余那就尽情地睡吧："萧洒桐庐郡，公余午睡浓。人生安乐处，谁复问千钟。"在范仲淹的前半生里，这样的生活节奏是想都不会想的。从小到大，他都是兢兢业业的。他的身世与杜牧相似，只是不像杜牧那样显赫。他的先祖范履冰也曾经官至唐朝宰相，高祖、曾祖、祖父、父亲也都在朝为官，无论官职大小，都是恪尽职守、为民为国。可叹的是他父亲早逝，母亲改嫁，他的人生之路从一开始就不平顺，只有靠自身的努力去继承先人们的遗志。

当时和后世的人都十分崇敬范仲淹，如朱熹就在《宋名臣言行录》里专门夸赞了范仲淹：

> 范仲淹二岁而孤，家贫无依。少有大志，每以天下为己任，发愤苦读，或夜昏怠，辄以水沃面；食不给，啖粥而读。既仕，每慷慨论天下事，奋不顾身。

这段文字的大意是：范仲淹小的时候就不分昼夜地勤奋苦读，晚上学习困了，就用凉水洗脸冲头，有时候连饭都顾不上吃，直到太阳快下山才吃一点，仅仅吃粥以维持生活。做官后，为人刚正不阿，常常情绪激动地谈论天下大事，不怕得罪权贵，完全不顾自身的安危。

当时的著名作家魏泰在他的《东轩笔录》中记载了范仲淹"划粥断齑"的故事，这故事已被父母当作教育孩子的经典范例之一：

> 惟煮粟米二升，作粥一器，经宿遂凝，以刀画为四块，早晚取二块，断齑数十茎，酢汁半盂，入少盐，暖而啖之。

大中祥符四年（1011），年轻的范仲淹在应天府书院求学，他坚信强行者有志，白天读不完的书，夜里接着读，春天读不完，那就读到夏落、秋尽。食物缺乏，没关系，夜里取来两升粟米，煮一大锅粥，第二天，等薄粥冷却结块了，就用刀在粥块上划个十字，分成四块，早晚各取两块吃。菜呢？也好办，弄一些姜、蒜等切碎，加入醋和盐，煮熟，配着吃就好。

苦读终有回报，在大中祥符八年（1015），二十七岁的范仲淹终于考中了进士，迈上了仕途。他看不惯现实中的许多东西，在官场上经常碰壁，即便如此，他依然坚持自己认为正确的道路而行。勤勤恳恳大半辈子，如今来到了睦州，人生有如此安乐之时，有没有优厚的俸禄也不是什么重要事儿了，"谁复问千钟"的感慨，与几百年前吴均"鸢飞戾天者，望峰息心；经纶世务者，窥谷忘反"的感叹异曲同工。

午觉醒来，范仲淹一般会外出巡察民情。"萧洒桐庐郡，家家竹隐泉。令人思杜牧，无处不潺湲。"民户房前屋后的竹林里都隐藏着泉水，热了就喝一口清冽的泉水，洗涤烦热。穿过竹林，眼前就是一片开阔的茶山了。已近初秋，茶农们在忙碌地为茶树深修枝，为明年的新茶做准备。

"萧洒桐庐郡，春山半是茶。新雷还好事，惊起雨前芽。"范仲淹回想刚到睦州的时候，正逢"春山半是茶"的四月。漫山遍野的茶树，等第一声新雷降下后，就迫不及待地赶在第一场春雨来临之前抽出最鲜嫩的顶叶。

好山好水养好茶，早在秦汉以前就有一本《桐君采药录》记载了"茗"（即茶）。"桐君"指的是上古传说中的人物桐君，相传他曾在桐君山一带煮茶施药、悬壶济世，桐庐之名有一说即源于此。唐代，时人喜饮睦州茶，在茶人张又新《煎茶水记》的记载中，茶圣陆羽曾游至桐庐，将睦州的严滩泉水评为"天下第十九泉"，陆羽在《茶经》中也提到过睦州的茶，"睦州（茶）生桐庐县山谷……与衡州同"。唐宣宗大中年间（847—858），睦州还设有榷茶①场，在春茶上市时节，各地的商贾熙来攘往，每日的买卖量达到百万缗②左右。两眼所及之处都是热闹忙碌的景象，茶农们忙着炒茶，客商忙着运茶，就连征税小吏都忙得停不下来，双手翻飞或收钱，或记账，从早到晚，连个打盹的时间都没有。买茶的客商中不乏胡子拉碴、高鼻深目碧眼的"胡商"，他们从遥远的西域而来，沿着丝绸之路，一路跋山涉水，来到了这处榷茶场。他们一边挑选中意的茶叶，一边费劲地讨价还价，这里的茶叶将会运回他们的家乡，给他们带来巨额的财富。睦州出生的状元郎施肩吾曾在好友郑君的游说下一探热闹，繁盛之况让他大为惊叹。回到家中，施肩吾久久不能平复，提笔写下《过桐庐场郑判官》，记录了自己的这场桐庐榷茶场之行。

如此沁心入脾的茶，范仲淹觉得似乎好久没有喝到过了。在如画的春景中，他经常会与同僚章岷一起，坐在山间的茶树旁品茶，聊聊各地都有哪些好茶进贡，兴致高的时候还会去参与斗茶。

章岷来自建州，建州以"建茶"闻名于世，北宋建国之后，建州茶升列为贡茶，建州的斗茶习俗也借此机会推广到了全国。

斗茶，又称"茗战"，实质是关于茶质优劣的一场品鉴。每一年的新茶上贡，先要经历如此一番品鉴，优中选优，才能呈到皇帝面前。后来，茶人间的这个技艺比拼流传到了朝中、民间，一下成了城中的流行事，每当

①榷茶，中国唐代至清代所实行的一种茶叶征税、管制、专卖制度。
②缗，古代钱财的计量单位，一缗为一贯钱，即一千文铜钱。

新茶上市的时候，茶人遍布茶馆、街头，处处都是"不服来战"的场景，热闹极了。

既是斗茶，那要斗些什么呢？斗茶器、斗用水，主要是斗点茶技术，包括斗味、斗香。这样的斗茶，是在众目睽睽之下进行的，没有丝毫水分可言。要是胜了，制茶人宛若封神登仙，满脸喜色；要是输了，则犹如败军降将，灰头土脸。

范仲淹写了首《和章岷从事斗茶歌》，细品起来是妙趣横生，雅韵悠然。

> 年年春自东南来，建溪先暖冰微开。
> 溪边奇茗冠天下，武夷仙人从古栽。
> 新雷昨夜发何处，家家嬉笑穿云去。
> 露芽错落一番荣，缀玉含珠散嘉树。

春雷刚起，茶园中的茶芽开始次第萌发，初展的新芽如珠玉，使茶园呈现一片欣欣向荣的景象。晨光微露，茶农们就一路嬉笑着，到云雾缭绕的山中采茶去了。他们精挑细采，忙碌了一个早晨也只采到了很少的一点芽叶，以致连衣襟都未兜满，可见贡茶的精贵。

> 终朝采掇未盈襜，唯求精粹不敢贪。
> 研膏焙乳有雅制，方中圭兮圆中蟾。

宋代的茶通常会制作成团茶，即一种茶饼。制作团茶尤其讲究，需要将茶芽蒸过之后，几次入榨、研磨，直到茶叶变成茶糊糊，再在茶糊糊里和入淀粉、龙脑等黏合剂和香料，倒进模具，制作成带有各种花纹的茶饼。压茶模具压制出的茶饼精美绝伦，方的如玉圭，圆的如皓月，就像艺术品一样。

　　而且宋人的口味很独特，一定要把茶叶里的"膏"，也就是茶叶中呈苦味、涩味的物质都榨掉，因为膏不尽，则色味重浊。

北苑将期献天子，林下雄豪先斗美。
鼎磨云外首山铜，瓶携江上中泠水。
黄金碾畔绿尘飞，紫玉瓯心雪涛起。
斗余味兮轻醍醐，斗余香兮薄兰芷。

　　斗茶用的器皿讲究，水也讲究。煮茶的茶鼎，用的是黄帝采铜地——首山上最珍贵的铜铸成。煮茶的泉水，则取自江苏镇江金山寺边最上乘的泉水——中泠泉。中泠泉的取水过程十分不易。中泠位于江中波涛最险之处，"泠"是江里的盘涡，也是老百姓说的"龙窝"，取水人先要找到"中泠"盘涡的确切位置，然后用一种叫"铜瓶"的工具，直落到江水的深处，才能汲到真正的泉水。茶叶的研碾也很重要，茶人们会用净纸将茶饼包起来捶碎，再研碾，然后在茶箩上过筛。筛得越细越好，这样茶末入水后才能浮起，汤花也才能凝结。

茶山风光

虽然"斗"字显得杀气腾腾，但斗茶过程却是极美的。先是"热盏"，把茶盏用沸水浇淋加热一下。然后是"调膏"，根据茶盏的大小，用勺挑上一定量的茶末放入盏中，注入适量沸水，将茶末调和成浓浓的膏状。接着就是"点茶"，茶人们把煎好的沸水注入已调成膏状的盏中，用一种特制的小扫帚状的茶筅在杯盏中不断搅动，让茶末充分上浮到水面。最后一步是"击拂"，用茶筅不断地旋转、搅动和拂击茶盏中的茶汤，泛起汤花。

到了这一步，人们就要来检验茶品和茶艺的优劣了。所谓"斗茶先斗色"，茶汤的颜色决定茶叶的采制水平。茶汤纯白，表明所采之茶肥嫩，制作得恰到好处；汤色偏青，说明火候不足；色泛黄，说明采制不及时；色泛红，说明茶的焙烧过了火候。范仲淹说这茶像扬了"雪涛"一样，意思很明白，这茶是真好呀！轻口一啜，"味轻醍醐，香薄兰芷"，茶汤的鲜美及茶香，带给爱茶人无上的美感和满足。

范仲淹在京城时，多与名流雅士或达官贵人斗茶，斗茶场所也颇为讲究，人们自带珍藏的好茶和好水，轮流烹煮，相互品评，一分高下。但范仲淹总觉得少了些什么，现在想想，可能是少了田头野地间的这份亲近的自然之味吧。达官显贵，没有平民百姓那么随意，那么大口喝茶，淋漓尽致。

在斗茶歌的最后，范仲淹感叹地说道：世间一杯茶，可涤荡世间凡尘，可解除夜酒宿醉，甚至能召回屈原的魂魄，唤醒沉睡中的刘伶。卢仝能不为茶献上一首千古绝唱，陆羽能不为茶书写一本万年经典吗？万木葱茂的大山，冥冥悠遥的苍穹，怎能说没有茶业中的伟人？商山四皓不需要再吃灵芝，首阳先生不需要采薇而食。长安城的酒价自减去千万，成都府的药市也失掉光辉。人间种种，"不如仙山一啜好，泠然便欲乘风飞"。

等范仲淹从茶园回来时，已近傍晚。日暮的睦州，一片岁月静好，他路经一座村庄，那里屋舍俨然，在斜阳映照下，如同画中楼阁一般。避过烈日当头的午后，此时，少男少女们相互呼喊着一起去池塘采摘莲蓬，嬉笑打闹着登上了木兰舟，往荷田深处划去。不远的清潭之畔，坐着一位静心垂钓的老翁。这潭水看上去深不可测，仿佛百丈有余，如此水深鱼应难钓，但渔翁却是老手，不一会，几尾鲜活的大鱼已装满了草篓，家中老小的晚餐可是有着落了。"萧洒桐庐郡，千家起画楼。相呼采莲去，笑上木兰舟。""萧洒桐庐郡，清潭百丈余。钓翁应有道，所得是嘉鱼。"潇洒自在的少年郎，潇洒自得的老人家，让山水又多了份人情可爱。

公干一天，回到官邸，范仲淹不觉劳累，沐浴之后点上了一炷降真香，开始静思。"萧洒桐庐郡，身闲性亦灵。降真香一炷，欲老悟黄庭。"丝丝香烟让人心无杂念，心情也很空灵。

他遥望着远处的富春山，那里深深浅浅，淡雅秀丽。数百年来，文人们不惜千里也要来此，只为那隐在富春山中的一个人——严光。

### 三、但爱鲈鱼肥

"萧洒桐庐郡，严陵旧钓台。江山如不胜，光武肯教来？"

梅城往下几十里，就是严光的隐居地富春山。

严光，在《后汉书·逸民列传》里，记有他的

〔清〕黄慎《严子陵像》

生平：

严光，字子陵，一名遵，会稽余姚人也。少有高名，与光武同游学。及光武即位，乃变名姓，隐身不见。帝思其贤，乃令以物色访之。后齐国上言："有一男子，披羊裘钓泽中。"帝疑其光，乃备安车玄纁，遣使聘之。……除为谏议大夫，不屈，乃耕于富春山，后人名其钓处为严陵濑焉。建武十七年，复特征，不至。年八十，终于家。帝伤惜之，诏下郡县赐钱百万、谷千斛。

文字虽短，故事很长。

严光出生在河南南阳，其父曾任南阳新野县令。少时的严光聪慧灵动，天资聪颖，对学问有异乎寻常的热情，所积累的才识使他在南阳一带声名鹊起。为了寻求更高的学问，严光离家来到了位于长安的太学府求学，在这里他遇到了刘秀。

刘秀身份不一般，是汉高祖刘邦的九世孙，但属于远支旁庶的一脉，淹没在十余万刘氏子孙中。到了刘秀这里，就只留下一个落寞的皇族身份，生活也如同贫民一般。严光学识渊博又年长于刘秀，不仅生活上常常接济这位小兄弟，也在学业中帮助和关照他，两人的关系亦师亦友。

当时西汉的帝位被王莽接管，他对刘姓宗室百般打压。年轻的刘秀心有不甘，让王莽这种人当权，还能指望汉室复兴？严光让刘秀放开眼界，不管当权的是谁，都要以天下为己任，以老百姓的利害为准则，做当做之人，求一个无愧于心，干一番无愧于祖先的事业，这才不虚此生。严光的这番话让刘秀肃然起敬。他的远见卓识以及他们在太学时期结下的友谊，让日后成为皇帝的刘秀在急需人才的时候第一个想到的就是严光。

西汉更始三年（25），刘秀推翻王莽建立的新朝政权，建立了东汉，年号建武。皇位争夺之路必要经过血雨腥风，刘秀登上帝位之前的那些年，到处都是燃烧的战火，从长安出走的严光，途经中原之时，看见荆棘满地，百里不见人烟，心中不禁悲凉。他隐姓埋名走入山间，不忍看见深陷水深火热之中的苦难百姓。

刘秀是位有抱负的皇帝，政权刚刚稳固，急需人才辅佐，以大施治国之略。他想起了太学府的同窗严光，但是百寻不得消息。他叫来画师，让他们根据自己的描述将严光的容貌细画成像，派人全国查访。终于，在建武五年（29），他的寻找有了线索，齐地有人奏报，看见有一男子披着羊裘垂钓于江滨，面貌极似画像之人。

那人正是匿声已久的严光。刘秀立刻命人备下礼品，派使者前去邀请。连派了两次都被严光回绝，到第三次去请时，刘秀让使者带去了一封亲笔书信，信中写道：

> 古大有为之君，必有不召之臣。朕何敢臣子陵哉！惟此鸿业，若涉春冰，譬至疮痏，须杖而行。若绮里不少高皇，奈何子陵少朕也！箕山颍水之风，非朕之所敢望。

声声诚恳，字字真切，希望严光能出仕相帮。

严光念着往日的同窗之谊出山一见，却没有答应出仕。出山那晚，刘秀去官舍看望严光，严光睡着并未起身。刘秀说："我是真的希望你能相帮，助我成就一番鸿业。"他拉家常般说起了在太学的往事，也向严光述说着他对帝国未来的种种考虑。过了好些时候，严光才睁开眼，淡淡说道："过去唐尧那样显著的品德，巢父那样的人听说要授给官职尚且去洗耳朵。读书人本各有志，何以要到强迫人做官的地步？"

刘秀叹息道："严子陵啊严子陵，你竟不肯作出半点让步吗？"

严光最终还是离开了京城，怕刘秀再来找自己，他选择去富春山隐居。富春山上有座石台，能看到富春江沿岸最美的景致：抬头是陡峭山壁，低头是悠悠江水。这里是严光的天地，他常常会登上大石，垂钓于富春山水的浩渺烟波之间。春日，地气蒸腾，两岸是漫山遍野的花树。夏日，山色深秀，远处的渔船在烟雾横波里载沉载浮。秋日，放眼处山色斑斓，江溪是水美鱼肥。冬日，山间是一片寂白，人间几多归宿，都可归于一片雪天雪地。

耕于富春山，钓于七里濑，严光最终在这里无疾而终。

严光去世后，数不清的文人墨客来此凭吊。

谢灵运说："目睹严子濑，想属任公钓。谁谓古今殊，异世可同调。"①

李白说："严光桐庐溪，谢客临海峤。功成谢人间，从此一投钓。"②

张继说："旧隐人如在，清风亦似秋。客星沉夜壑，钓石俯春流。"③

范仲淹到睦州的第一件事，就是去拜祭严子陵祠。历经数百年的岁月，祠堂已经破败不堪，祠角塌陷，廊柱腐烂，杂草疯长。这样的严子陵祠，让范仲淹看着很是心痛。景祐元年，他决定重修严子陵祠堂，派从事章岷前往主持重修事宜。等到修缮好的祠堂重新面世，他写下了那篇千古流传的《桐庐郡严先生祠堂记》：

先生，汉光武之故人也。相尚以道。及帝握《赤符》，乘六龙，得圣人之时，臣妾亿兆，天下孰加焉？惟先生以节高之。既而动星象，归江湖，得圣人之清，泥涂轩冕，天下孰加焉？惟光武以礼下之。……盖先生之心，出乎日月之上；光武之器，包乎天地之外。微先生，不能成光武之大；微光武，岂能遂先生之高哉！而使贪夫廉、懦夫立，是有大功于名教也。

①语出谢灵运《七里濑》。
②语出李白《翰林读书言怀呈集贤诸学士》。
③语出张继《题严陵钓台》。

某来守是邦，始构堂而奠焉。乃复其为后者四家，以奉祠事。……

范仲淹觉得，严光和刘秀是相互成就的，"盖先生之心，出乎日月之上；光武之器，包乎天地之外"。他希望自己能够成为"成光武之大"的"先生"，也期望宋仁宗像刘秀一样，即便是臣子"泥涂轩冕，天下孰加焉"，依然能够做到"惟光武以礼下之"。

《桐庐郡严先生祠堂记》的最后一句是："云山苍苍，江水泱泱。先生之风，山高水长。"

这不仅是严光的风范，也成为范仲淹一生的精神追随。

身在睦州的范仲淹，不知道百年后他也像严光一样，被记在了《宋史》当中，得到了"自古一代帝王之兴，必有一代名世之臣，宋有仲淹诸贤，无愧乎此"的极高评价。

这位"天地间气，第一流人物"的中年人，在某个春日的傍晚，潇洒悠闲地坐在严光最爱的巨石上，看云高云低，看鸟停鸟飞，看人来人往，愉快地低吟着：

江上往来人，但爱鲈鱼美。
君看一叶舟，出没风波里。①

①范仲淹《江上渔者》。

睦州行

## ◎文人们的精神家园——严子陵钓台

富春江镇西面的富春山，是东汉古迹之一。因东汉高士严光（字子陵）拒绝光武帝刘秀之召，拒封"谏议大夫"之官位，来此地隐居垂钓而闻名古今。历代文人都将严子陵作为文人精神的代表人物，将严子陵钓台当作他们的精神家园。北宋的政治家、文学家范仲淹来睦州做知州后，在严子陵钓台脚下修建了祠堂，并撰写了《桐庐郡严先生祠堂记》。

## ◎百姓们的精神依靠——梅城乌龙山

"梅城"是因古严州府的城墙沿江一段雉堞砌筑成梅花形而得名的，素有"天下梅花两朵半，北京一朵，南京一朵，严州（梅城）半朵"的美称。乌龙山位于古严州梅城镇北门外，被人们视作一郡之镇山，当地有俗话"梅城人一天不见乌龙山就会哭"，表达了浓郁的恋乡之情。淳熙十一年至十五年（1184—1188），陆游任严州知州时写过五言诗《乌龙雪》。山上最著名的景点是建于唐代的玉泉寺，由净土宗五祖少康大师于唐德宗贞元十年（794）创建。

## ◎"药祖"的栖居地——桐君山

桐君山为富春江名胜之一。相传，黄帝时有老者结庐炼丹于此，悬壶济世，分文不取。乡人感念，问其姓名，老人不答，指桐为名，乡人遂称之为"桐君老人"。后世尊其为"中药鼻祖"，山也以"桐君"为名，并被称为"药祖圣地"，县则称"桐庐县"。站在山顶，背后是深谷和绵延的山脉，前面是极目无垠的原野，脚底下是滔滔大江，地势既险又美。登桐君山极目四望，可以看到富春江上的烟雨景色，梁启超誉之为"峨眉一角"，康有为则称"峨眉诸峰不及此奇"。

◎进士之乡——芦茨村

芦茨村是晚唐诗人方干的故里。方氏家族虽居山野，但重学风气代代相传。到了宋代，方氏后人更是英才辈出，芦茨村连出十八名进士，被后人称为"进士之乡"。

◎浙西唐诗之路的起点——白云源

白云源自唐代以来就是连接浙西、浙东的交通要道，遍布了各朝各代诗人们的足迹，被后世称为"浙西唐诗之路的起点"。北宋景祐元年，范仲淹登钓台，望着江对面的方干故里（芦茨村），见群峦起伏，白云袅绕弥漫山间，宛若仙境，故叹曰："白云之源也。"自此，芦茨源遂称白云源。

◎富春江最美的一段——七里滩（濑）

七里滩在今天桐庐县严陵山迤西，两岸高山耸立，水急驶如箭。旧时有谚云："有风七里，无风七十里。"指舟行急湍中进度极难掌握，唯视风之大小来决定迟速。南北朝时，山水诗的开山鼻祖谢灵运来到桐庐，写下了《初往新安至桐庐口》《富春渚》《七里濑》等诗，对七里濑一带的山水风光赞叹不已："石浅水潺湲，日落山照曜。荒林纷沃若，哀禽相叫啸。"

第四章

泉水，汩汩汩

竹床松涧净无尘，僧老当知寺亦贫。

饥鸟共分香积米，落花常足道人薪。

碑头字识开山偈，炉里灰寒护法神。

汲取清泉三四盏，芽茶烹得与尝新。

——〔明〕袁宏道《游虎跑泉》

## 一、林泉叮咚

清代大学者俞樾有一首很可爱的诗："重重叠叠山，曲曲环环路。丁丁冬冬泉，高高下下树。"说的是他最爱的九溪十八涧。

同治年间的某个春日，俞樾和几位老友相约郊游，本是打算稳稳坐在轿中，看看窗景，就这么在吱吱呀呀

俞樾像

的轿声中打发时光的，没承想看见山涧里欢快跃动的溪流，心里压着的那颗少年心就憋不住了。他们下了轿，在溪间的小石块上流连，或掬起一捧清泉，或戏弄水中的细鱼，或濡湿岸边的绿草，平日在城中走不了半里的俞樾，沿着九溪山水竟然走了三里多路，几个年过五十岁的文士们，那天玩得就像群大男孩。

其实，又何止九溪呢？放眼西湖的林泉，都是这般让人欢喜。

从城外隽秀的北高峰、龙门山、天竺山、五云山，到沿湖温婉的宝石山、葛岭、飞来峰、南高峰、玉皇山，还有吴山，在重重叠叠的山下，曲曲环环的路旁，高高下下的林间，在石头缝里，在泥土的颗粒间，泉水缓缓溢出，涓涓流淌。有的窝在洼地，有的从裂隙汇集到溶洞，有的成为小溪，有的则穿山而过，就像蒲公英一样，不知到底跑到了哪里。大的小的，有名的无名的，热闹的沉寂的，人们寻迹而来，伴着泉声，雅集赋诗，远处的青山蜿蜒起伏与天相连，近处盘曲的古松俯水而就，清泉旁，一张琴，一壶茶，一溪云，风景这边独好。

概因诗人们来得多，杭州的泉，名字也很好听，如冷泉、玉泉……听着就自带一份清灵诗意，还有龙井、虎跑、卧犀、岁寒、参寥、喷月、茯苓、瑞石等等，每眼泉都有自己的一段传奇和故事。

比如说玉泉吧。这泉，已经不知在山间存在了多少年，直到白居易寻来，写下一句"湛湛玉泉色，悠悠浮云身"[1]，从此它才有了名字。

玉泉确如其名，白日里清澈透亮，温润得如同和田碧玉；月夜里，池面莹莹发光，似有玉人映照在泉水中，

①语出白居易《题玉泉寺》。

实在是美。元代的吴师道写过一首《玉泉山图》，尽管他没有说明这泓"玉泉"是哪里的玉泉，但人们觉得这就是西湖的玉泉了：

> 何许泉如玉，元因有玉人。
> 山晖神夜发，木秀泽含春。
> 此日还看画，无缘可卜邻。
> 寄声嘉遁者，莫污世间尘。

玉泉里是看不见泉眼的，泉水从池底慢悠悠地渗出，放出极细小的水泡，一个个懒懒地浮着，取水的人也不急，看着泉水一点一点地涨起，也是一种乐趣。关于玉泉的传说很多，其一是在南齐建国前，有位叫昙超的和尚在此筑寺说法，但苦于无水，后偶遇一位神人，昙超请他解困，神人就在寺旁一处空地轻轻一抚，泉水便从掌下涌出了，因此玉泉也叫抚掌泉。这与张岱写在《玉泉寺》里的故事大同小异，张岱说神人其实就是龙王，掌下泉水源源不断，是因为连着龙神的泉洞呢。

不过，张岱倒不是为泉而来，而是为了看鱼。如玉般的泉水，"中有五色鱼百余尾，投以饼饵，则奋鬐鼓鬣，攫夺盘旋，大有情致"[1]。这些五色鱼儿自宋代起便开始在泉中蓄养，子孙几代都已数不清了，一年又一年，来看他们的人也数不清。唐人曾经的"闲心对定水，清净两无尘"变成了宋人的"鱼乐人亦乐，泉清心共清"，隐士也爱，世人也爱，雅俗共赏众乐乐，明人看着看着也童心大起，你看，董其昌的"鱼乐国"三个字题得多调皮可爱，鱼字下边的四点，可不就是鱼儿嘴里吐的泡泡吗？

玉泉旁边，还有珍珠泉和细雨泉。它们是同出一脉的泉水，性情却不大一样。珍珠泉有些小脾气，你若是

---

玉泉风光

　　用脚用力蹬地，泉池就会生气地冒出一串串珍珠般的小水泡，孩童们最喜的就是在珍珠泉旁左一下右一下地跺着，泉水那个气呀，却也只能无可奈何地继续吐着"珍珠"表示抗议。细雨泉呢，则在旁自顾自地优雅，泉水下面的泉眼既细又密，在晴日的照映下，泉水如纷纷雨丝上涌，就像雨点打在水面一般，若不是常来的人，当"斜风疏点"时，"或惊雨而去"。

　　玉泉再往西，便是灵隐了。这处山水胜在奇美，宋代的"笔记达人"周密曾经沿着灵隐天竺漫行数十里，一路记录，这边是"诸岩洞皆嵌空玲珑，莹滑清润"，那边是"如虬龙瑞凤，如层华吐萼，如皱縠叠浪，穿幽透深"。那时，缠绕在壑间的泉，有月桂、伏犀、永清、偃松、冷泉、倚锡、白沙等，它们从山峦顶峰萦绕的云雾滴落于树下，渗入山里，在无数的壑隙中游走后，探出身来，伴着梵音轻轻和歌。《武林旧事》里，周密对这里的记录结束在了一句"不可名貌"上，这是在告知来往的人们，此间妙意，只可意会，不可言传，非得亲身体验才行。

来灵隐的人，大都要去冷泉亭坐坐。特别是夏日清晓的时候，雾气还未散尽，只见参天古木下，柔纱般的薄烟在冷泉溪面上游动，轻拢着泉上的亭、亭后的寺，一片朦朦胧胧、虚虚实实，万籁皆静，只留有泉水汩汩，如入净土一般，"洗耳清泠万虑消，灵台无地著尘嚣"。

白居易任杭州刺史的时候，常在亭中静静听泉。长庆三年（823）的夏日，他又来到了冷泉边，专门写下了一篇《冷泉亭记》，文中句句都透着偏爱。

> 东南山水，余杭郡为最。就郡言，灵隐寺为尤。由寺观，冷泉亭为甲。

东南一带的山水景致，余杭郡（即杭州）是最美的。在余杭郡里，灵隐寺又是最好的。而灵隐寺的冷泉亭，则是好上加好之处。亭子就筑在灵隐山下，冷泉溪水的中央，灵隐寺的西南角。亭子简致小巧，高不到十六尺，宽不过两丈，却是集中了自然奇景，搜揽了所有优美的山水佳境，四季之美，一览无余。

春之日，是"其草薰薰，木欣欣，可以导和纳粹，畅人血气"。夏之夜，是"其泉淳淳，风泠泠，可以蠲烦析酲，起人心情"。山上深茂的树木是亭子的伞盖，四周的岩石是亭子的屏风，云彩从亭梁上生出，涧水与亭阶齐平。坐在亭中赏玩，可以用清泉洗足；躺在亭中赏玩，可以在枕边垂钓。况且又有缓缓轻流的泉水，舒缓明澈，清凉纯净，无论你是凡夫俗子，还是出家之人，你看到的、听到的、想着的、要说的恶言恶语，不等洗涤，眼、耳、心、舌的尘垢就都被清散尽了。

冷泉亭

不得不说，前人们选址立亭的眼光还真是精妙，总能找到在山水间的那个"点睛"之处，收纳精华。白居易说，在他之前的五位刺史，都已经在最好的位置修筑了亭子。比如，在凤凰山麓，有相里君造的"坐见海山门"的虚白亭，山林是太寂寞，朝阙又太喧烦，"唯兹郡阁内，嚣静得中间"①。在北高峰的韬光寺旁，有韩皋造的候仙亭，这里望海观日是一绝，近可见水光潋滟、水面如镜的西湖，远可眺长练似的钱塘江，清晨又可见红日喷薄时的云蒸霞蔚、山色空蒙，若遇仙人在亭中对弈，你也不会觉得是什么惊奇事。在灵隐附近，还有裴棠棣造的观风亭、卢元辅造的见山亭，再加上元藇的这座冷泉亭，一座座小亭就像天地间摊开的五指，托着山，捧着湖，把美好的胜境都摊在了眼前，后来人即使有聪敏的心思、巧妙的眼光，也无法再添加什么了。所以，白居易感叹道：该筑的已经筑好，多一分也是啰唆，我只要继承和修整就行了，就像这冷泉亭，我能做的，就是为它写下亭记，题下泉名，陪伴我"最忆是杭州"的日日夜夜。

①语出白居易《郡亭》。

079

而冷泉的故事还在继续。几百年后，苏轼来了，在白居易写的"冷泉"匾额上，补了个"亭"字。又过了几百年，董其昌也来了，在玉泉看鱼时写得不够过瘾，到了冷泉亭又挥毫写了一副对联："泉自几时冷起；峰从何处飞来。"

泉上的联等啊等，等啊等，等着有缘人来答。就这么又过了几百年，俞樾来了，对了一句"泉自有时冷起；峰从无处飞来"。随行的俞夫人觉得少了点意思，给改了改："泉自冷时冷起；峰从飞处飞来。"

俞樾写有一本《春在堂随笔》，里边记录了许多他喜欢的地方。除了九溪，云栖也是一个好去处。

这个藏在五云山深处的山坞，地理位置是相当的奥僻。但越是难以为人所发现的地方，越保有自然的灵性。彩云盘弥，竹林深茂，山泉淙淙，一个"栖"字，一下让这个山坞有了云水禅心的气质。

事实上，在以竹出名之前，云栖吸引人的正是"梵音"。这里曾栖居过两位大师，一位是志逢，一位是莲池。志逢禅师是五代的名僧，随身摇着一把大芭蕉扇，号大扇和尚。当时的杭州，深山里多有猛兽，南朝的《钱唐记》就说："吴郡有虎林山。昔秦汉间有白虎常踞于其巅。其虎不食生物，唯饮涧泉而已。"[1]云栖的村民们常为虎害所困，志逢禅师彼时正好在五云山筑庵修持，见状决意驯服猛虎。他摇着大扇子到山下人家化缘，常将化缘得来的钱财拿去换肉喂虎，日久天长，猛虎终被驯化，一人一虎也成了朋友，人们有时还会看到老虎驮着志逢禅师进出山林。后来，为表彰志逢禅师为民伏虎的功德和佛学成就，忠懿王钱俶召赐紫衣，为他修筑了三座寺，五云山中的云栖寺便是其一，从此，云栖深处朝钟暮鼓，

[1] 转引自《淳祐临安志》卷八《武林山》。

那些被世事裹挟的凡人心也有了一处清净归途。

那时的竹，还只是一簇簇地长着，在参天古木的庇护下，显得有些娇小惹人怜。但沧海桑田，在经过数百年含水生云的岁月后，漫山遍岭的小小竹枝终成了浩渺竹海。绵绵云雾栖息在茫茫的竹丛之中，飘忽斑斓，若即若离，沾到叶上就化为丝丝细雨，仿佛翠竹青叶融化的竹沥，从弯曲的竹梢上滚落下来，濡湿蜿蜒的林径。这是六百年后莲池大师来此看到的场景，他给这里取名为"云栖梵径"。

清凉，清净，清幽，清心，莲祖道场的气场与风水，的确不同凡响。莲池大师在此栖心净土数十年，山野秘境成就了人间莲池，成了行人可"栖"之所。而原先那棵庇护小竹的古木仍矗立着，也许，志逢和莲池都曾在此树下打坐念佛，抑或敲着木鱼领众念佛，体会过"木鱼所到之处，雨下如注"的妙境。泉水依旧默默地穿行在地底盘根错杂的竹根之中，在东侧山峰下涌出了青龙泉，下到中峰，涌出了圣义泉，在西侧山峰，又涌出了金液泉，三泉汇成了小溪，流经竹径之旁。

洗心池里就有它们的身影。它们欢欢流入，汇入平静的池面，又从一头欢欢流出。池水透明清亮，在仲夏时节捧一手甘霖，洗洗尘劳，顿觉清凉入心，万念云散，烦恼俱消。清人陈灿说得贴切："客到洗心亭子坐，顿教尘虑一时湔。""万竿绿竹影参天，几曲山溪咽细泉。"

这一方池，也是传说中文殊菩萨化为童子来参访莲池大师之地。两人的对话也甚是有趣。

大师见到菩萨化身的童子，便说："两脚都是泥，必是远来客。"

云栖寺莲池大师塔院

菩萨回道："闻知莲池水，特来洗一洗。"

大师又说："莲池深万丈，不怕淹死你。"

菩萨微微一笑："两手攀虚空，一脚踩到底。"

俞樾和老友彭玉麟也兴致盎然地在池旁唱和了起来。

俞樾说："篮舆屈曲入山行，天为清游特放行。却好五云最深处，闲鸥威凤共联盟。"

彭玉麟和："昨宵风雨又天晴，结伴寻春款款行。一幅梅花无恙在，我来恰好证前盟。"

俞樾继续："此来襟带有江湖，自觉尊前诗胆粗。不及老彭豪更甚，右拈吟管左提壶。"

彭玉麟回侃："廿载从征意气粗，而今小隐恋西湖。彭郎虽老狂犹在，一醉何妨酒百壶。"

好一个"一醉何妨酒百壶"，酒心与禅心，在世间种种面前有时也看着挺像，两个字：透彻。

《春在堂随笔》里提到了南山路的烟霞三洞，即石屋洞、水乐洞和烟霞洞。浓缩在秋日桂雨里的三洞从五代起就有无数文人墨客眷顾，特别是水乐洞，在明代大玩家高濂的《四时幽赏录》里，秋季幽赏就有这一带的条目"满家巷赏桂花""水乐洞雨后听泉"。

> 洞在烟霞岭下，岩石虚谽，谽谺邃窈，山泉别流，从洞隙滴滴，声韵金石。且泉味清甘，更得雨后泉多，音之清冷，真胜乐奏矣。每到以泉沁吾脾，石漱吾齿，因思苏长公云："但向空山石壁下，爱此有声无用之清流。"又云："不须写入薰风弦，纵有此声无此耳。"我辈岂无耳哉？更当不以耳听以心听。

既是水乐洞，自然最有趣的就是其中的水了。洞内可听见水声，声如金石，十分悦耳，却不见流水。苏轼曾在《水乐洞小记》中写道："泉流岩中，皆自然宫商。"在泉流急湍的时候，淙淙水声欢快跳跃，仿佛灵动的手指拨动琴弦，大弦嘈嘈，小弦切切，在这钟乳石营造的乐殿里奏起清灵的曲调。高濂自是体会过洞中的宫商之音的，他想起苏轼在《东阳水乐亭》的诗句，"但向空山石壁下，爱此有声无用之清流"，"不须写入薰风弦，纵有此声无此耳"，不由得感慨道：我们这些人哪里是没有耳朵啊！想来这样的声音，不能只用耳朵去听，更应用心去听。

俞樾颇为欣赏苏轼，二人相隔有几百年，却在杭州有一个奇妙的相交——俞樾的住所俞楼就建在苏轼题名的六一泉旁，相距仅有数十步。俞楼，是俞樾的学生们为其所造，六一泉则是苏轼为纪念他的老师欧阳修所题。

俞楼的前身，是西湖诂经精舍第一楼，由阮元所造。嘉庆二年（1797），浙江学政阮元在孤山上建了五十间屋，集全省通经之士纂辑《经籍籑诂》。阮元升任浙江巡抚后，于嘉庆五年（一说为嘉庆六年正月）将其开辟为书院，取名为诂经精舍，并撰文说："精舍者，汉学生徒所居之名；诂经者，不忘旧业，且勖新知也。"①

俞樾到杭州后，曾在此主持、讲学、著书长达三十年之久。虽说是官场失意退而来此，俞樾却是找到了他真正所爱的事业。这片不算大的教学天地为后世输送了许多大名鼎鼎的人物，比如民主革命家、思想家章太炎，艺术大家吴昌硕，"新红学派"的创始人俞平伯等，他的学生还远涉日本、韩国等地。太平天国时，"第一楼"惨遭兵燹焚毁，后来在光绪五年（1879），他的学生们筹资，在故址旁为老师新建了一座"俞楼"。落成那天，俞樾很开心，他写道：

> 合名臣名士，为我筑楼，不待五百年后，此楼成矣；
>
> 傍山北山南，循地选胜，适在六一泉侧，其胜如何。

建在六一泉侧，是学生们对老师的一份深情。

"六一"是苏轼的老师欧阳修的名号。欧阳修晚年飘然世外，自号"六一居士"，六一，即是取《集古录》一千卷、书一万卷、琴一张、棋一局、酒一壶和一老翁（欧阳修本人）之意。

①语出阮元《西湖诂经精舍记》。

《西湖全图》（局部）中可见诂经精舍

熙宁四年（1071），苏轼到杭州担任通判没多久，曾前往孤山拜访两位僧友惠勤和惠思。这两位僧人是欧阳修介绍的，在汴京临行前，欧阳修告诉苏轼："西湖有僧惠勤，人很文雅，长于作诗。我曾作《山中之乐》三章赠他，你公暇若欲求友于湖山间而不可得者，则不妨往寻惠勤。"

惠勤也是欧阳修很欣赏的学生。欧阳修在《山中之乐》的序言中提到过："佛者惠勤，余杭人也。少去父母，长无妻子。以衣食于佛之徒，往来京师二十年。其人聪明材智，亦尝学问于贤士大夫。今其南归，遂将穷极吴、越、瓯、闽，江湖海上之诸山，以肆其所适。"

惠勤跟随欧阳修多年，于庆历三年（1043）回杭州后在西湖孤山结庐隐修。苏轼前去拜访的那天正值寒冬腊月，晦暗的天色露出飘雪的迹象。这也是苏轼第一次来到西湖，借着看湖的欣喜，他与两位僧人相谈甚欢，他们聊到了老师的造诣，也交流着各自对世事的看法与对诗作的见解。离开时，苏轼作诗记下了这场相会：

> 天欲雪，云满湖，楼台明灭山有无。
> 水清出石鱼可数，林深无人鸟相呼。
> 腊日不归对妻孥，名寻道人实自娱。①

不想，就在第二年，两人的恩师欧阳修去世了。苏轼赶到惠勤的僧舍，带着对老师的悲思，二人在此哭祭一场。

等苏轼成为杭州知州后再度来访孤山，惠勤也已去世多年了，只有惠勤的弟子二仲还守在此处。

苏轼看着旧景，思着故人，过去种种涌上心头。他来到惠勤曾经的讲经处，发现这里竟搭起了一座石屋，屋洞下，一注清泉汩汩涌出，泉声似语，轻言不止。

"师父的旧舍，原来并没有泉眼的。就在您来之前不久，在师父屋舍的讲堂处，突然涌出了泉水。"二仲说，"我想，这是师父在天之灵知道您要来，特地为您接风洗尘。"

二仲请苏轼为泉水取名。苏轼想起惠勤曾说过："公，天人也。人见其暂寓人间，而不知其乘云驭风，历五岳而跨沧海也。此邦之人，以公不一来为恨。"他怀念往昔与老师生死离合的际遇，感慨前言往事，"乃取勤旧语，推其本意，名之曰'六一泉'"。见泉，犹见老师欧阳修其人。

后来，苏轼又为泉作铭，大意是："泉水涌出的地方，

① 语出苏轼《腊日游孤山访惠勤惠思二僧》。

六一泉

和欧阳公相距千里。老师去世十八年了，再以'六一'为名，是不是有点奇怪呢？我认为，一位君子，以他的品德和能力，为后代留下福泽，岂止影响五代人而已，可以流芳百世。我常和他登孤山，回望吴越故地，歌咏山中之乐，饮此泉水。欧阳公的风教功业，或许也见于泉水之中。"

《六一泉铭》被惠勤的弟子们镌刻在石屋的壁上，随着泉水源远流长的，还有苏轼、惠勤与欧阳修的师生之情，以及那个时代文人们的德望、学问与精神。

1907 年，八十七岁的俞樾与世长辞，章太炎为老师写下了《俞先生传》。

泉水呜咽，旧日的勤公讲堂，后世的俞楼精舍，在此处重合，殊途同归了。

## 二、泉亦有江湖

《诗经》说："泌之洋洋，可以乐饥。"洋洋流畅的泉水，乐的不仅是心，也是身。

新鲜的泉水，自有美妙之处：其水澄清，天然石凹，浮垢自去，不积污垢，温凉适宜。那些吸纳山林灵气的山泉，成为茶人心中的"道"。

天宝十五载（756），陆羽就踏上了一条漫漫寻茶路。他才二十五六岁吧，牵着一头驴，就这么上路了。他不断地探寻各种秘境，有时置身于苍郁茂密的山野丛林里，有时置身于气势雄浑的飞瀑涧泉旁，有时如置身于云雾缭绕的蓬莱仙阁内，有时如置身于亘古寂寥的洪荒中。有时遇见三两村夫踏歌而行，有时遇见渔父独钓寒江，有时遇见仙风道骨之人于松下清谈吟诗，有时遇见伯牙子期们于琴中互诉衷肠。秘境中，他找到了一树茶，也寻到了一汪清泉。

凡好茶者，大多也是好泉者。好茶好水，才有一盏鲜活茶汤。明人张大复说："茶性必发于水。八分之茶，遇十分之水，茶亦十分矣。八分之水，试十分之茶，茶只八分耳。贫人不易致茶，尤难得水。"[1]水不好，茶再好，也会折损。但茶一般，水极好，却能相得益彰。《茶疏》里也说："精茗蕴香，借水而发，无水不可论茶也。"

草木有灵，泉亦如此。特别是山上的泉，陆羽说，最好的泉水，应该是像乳汁一样，经沙石过滤层，慢慢从石头缝隙里渗透出来的。这样的泉水，干净、澄澈。

他还说，江中的水其次，要到远离人烟的地方去汲取，不然就杂质太多了。井中的水，便一般般了。

①语出张大复《梅花草堂笔谈》。

嘴呀，是真刁。唐人张又新在《煎茶水记》讲过一个陆羽品水的故事，说御史李季卿在扬州遇见陆羽，盛情邀他同船而行。李季卿说："陆君善茶，惊震四方。如今你在，茶在，好水也在，千载一遇，实在是难得，诚请品饮赐教一番。"

扬州什么水好呢？是扬子江的南零水，那是一股处在江心旋涡之中，从地下涌出的泉水，需要用长绳吊着铜瓶深入水下才能取到。军士得令去取水，不一会儿，一壶清冽的泉水就送到了茶席之上。

陆羽扬起一勺，说："这虽是江里的水，但不是最好的江心之水，只是临江之水罢了。"

取水的军士红着脸辩解道："先生，我乘舟到了江心取水，这一路数百人都见到了，怎会骗你呢？"

陆羽没说什么，将水缓缓地倒出半瓶，再用勺子扬了一扬，品了一小口，淡然说道："剩下这些，才是南零水。"

军士听完，骇然一惊，这才喃喃解释说："我确实在江心灌满了水，但靠岸时，船一颠簸，水洒了一大半，迫不得已，才在岸边灌了半瓶水。陆先生您真是神人啊，佩服佩服！"

故事里，李季卿还向陆羽请教了天下的各处名泉，并一一记下：

庐山康王谷水帘水第一；

无锡县惠山寺石泉水第二；

蕲州兰溪石下水第三；

峡州扇子山下，有石突然，泄水独清冷，状如
龟形，俗云虾蟆口，水第四；

苏州虎丘寺石泉水第五；

庐山招贤寺下方桥潭水第六；

扬子江南零水第七；

洪州西山西东瀑布水第八；

唐州柏岩县淮水源第九（淮水亦佳）；

庐州龙池山头水第十。

这些泉水，陆羽未必给他们排过名，但必定是品过
的。除了大名鼎鼎的《茶经》外，他还写了一本《水品》，
里边应详细记录了泉与茶的美妙滋味。只是可惜，不知
何故《水品》没有流传下来，后人只能从他的《茶经》
中窥得天下泉水的一二。

泉不在江湖，江湖上自有泉的传说。关于"天下第
一泉"，自古以来人们争论不少，唐朝的品泉家刘伯刍
说南零水是第一，张又新品尝后，认为应是浙江桐庐严
子滩的泉水第一，"溪色至清，水味甚冷"[1]，远远超过
南零水。到了明朝，写有《瓶花谱》的爱花人张谦德认
为天下第一水是惠山水，地理学家徐霞客回应云南安宁
县碧玉泉才是第一，文学家田艺蘅则持保留意见。田艺
蘅觉得，这泉啊，在山间自由流淌，你爱它便汲它一勺，
陪你晨饮宿餐，陪你探云听风，可没想要在混沌的人世

间争个高低。这是文人看泉的方式，人与自然，都具灵性。

田艺蘅是土生土长的杭州人，他的父亲是写《西湖游览志》的田汝成。《明史》说田艺蘅"性放诞不羁，嗜酒任侠"，其实，他还有一嗜，嗜泉。

他历经数年，编撰过一本《煮泉小品》。在自序里，他说自己得了一个奇病，这个病，已至膏肓，估计神医也不太能救。

> 昔我田隐翁，尝自委曰"泉石膏肓"。噫，夫以膏肓之病，固神医之所不治者也；而在于泉石，则其病亦甚奇矣。

"既是病入膏肓，我想就不要折腾去看了，就这么吃好喝好地过下去。可身边的人都怪我不去治疗，为了不负他们的好意，我翻遍了药书，也找不到对症的药。直到有一次，我在山间遇见一位恬淡寡欲的老者，他告诉我：你这个病没什么难治的，取山石间清澈的泉水，煮开后加入茶叶，服用这样的茶水之后，自然就能痊愈了。"

"我特别感谢这位老人家，按照他的方子煮茶饮用，果真管用！我还发现时间越久，效果越明显。于是我把这方子交给我的茶童，说如有遇到跟我一样得此病的人，就推荐给他。但如果是很富贵的人，就别告诉他了。"

哈，看明白了，纯粹是贪恋山水泉石给闹的。这个人实在太可爱，本来寄情山水，自古以来就是文人向往之事，也没谁讥笑，他却煞有介事地安上个病症之名，还郑重其事地把治疗"泉石膏肓"的方子交出来，再一本正经地嘱咐茶童："若有如煎金玉汤者，慎弗出之，以取彼之鄙笑。"仿佛都能看见他转头窃窃偷笑，诙谐调皮的样子。

人有趣，笔下的《煮泉小品》亦很有趣。

比如，看泉先看山。

> 山厚者泉厚，山奇者泉奇，山清者泉清，山幽者泉幽，皆佳品也。不厚则薄，不奇则蠢，不清则浊，不幽则喧，必无佳泉。

山厚朴，那泉水自然也厚朴，山奇峻，那水自然也奇峻，山清奇，那水也清奇，山幽丽，那水也幽丽，这些都是好的泉水。如果山不厚而薄，不奇而蠢，不清而浑浊，不幽静而喧嚣，那就肯定不会有好的泉水了。

再比如，泡茶要取"蒙"。

> 山下出泉曰"蒙"。蒙，稚也，物稚则天全，水稚则味全。故鸿渐曰"山水上"。其曰"乳泉、石池、漫流"者，蒙之谓也。其曰"瀑涌湍激"者，则非蒙矣，故戒人勿食。

并不是所有山泉水都是好水，不流动的泉水不能饮，涌得太急的也不适合饮。像珍珠泉那样的涌泉，因为气太盛，不适合泡茶，用来酿酒倒是不错。而瀑布的水，虽然看起来很美，但因为水流湍急，夹带了很多杂质，用来烹茶也不理想。最理想的山泉，是刚刚从山石之间漫流出的泉水，用来泡茶最好。

蒙，也就是幼稚初开，泉水如小儿一般天性纯真，保全着一份天然之味。这跟陆羽说的"其曰乳泉石池漫

茶圣陆羽像

流者"意思差不多。要是流得非常湍急的，因为会流经各种地方，水质会变得越来越杂乱，就像是经过了社会的捶打，孩童的纯真已不复以往。

在田艺蘅看来，用龙井的蒙泉泡的龙井茶真当是天下的一绝，如果陆羽还在，杭州在《茶经》里的排位怕是要大改了。

今武林诸泉，惟龙泓入品，而茶亦惟龙泓山为最。盖兹山深厚高大，佳丽秀越，为两山之主。故其泉清寒甘香。虞伯生诗："但见瓢中清，翠影落群岫。烹煎黄金芽，不取谷雨后。"姚公绶诗："品尝顾渚风斯下，零落《茶经》奈尔何。"则风味可知矣，又况为葛仙翁炼丹之所哉！又其上为老龙泓，寒碧倍之。其地产茶，其为南北山绝品。鸿渐第钱唐天竺、灵隐者为下品，当未识此耳。而《郡志》亦只称宝云、香林、白云诸茶，皆未若龙泓之清馥隽永也。余尝一一试之，求其茶泉双绝，两渐罕伍云。

当时的陆羽，确实是"当未识此耳"。从一簇小小的茶芽到一杯人间绝味，这树杭州特有的茶用了数百年的时间。

### 三、龙井，龙井

龙井，是泉名，寺名，也是茶名。

最早，先有了泉，人们称作龙泓。涓涓山泉从山岩层石之间流出，注入玉泓池，奔向风篁岭下的溪涧中，即便是遇到大旱也不干涸。乡民们觉得，泉中有龙，田艺蘅认真地作了科普，说，非也非也，有龙则泉不可食矣，"盖武林之山，皆发源天目，以龙飞凤舞之谶，故西湖之山，多以龙名，非真有龙居之也"。

然后，依泉有了寺。原是狮子峰落晖坞一个破败的佛门小院，后来，因北宋高僧辩才寻来，成了一处文人香客来往不绝的佛门圣地。这估计是辩才始料未及的，做了大半辈子的住持，到了晚年，他来到这里，只是想找个清静的地方度过余生而已。

他将随身带来的几颗茶种撒到寺院的后山上，细心地照料着，看着它们萌芽、出叶、生花、结籽。在每年春日微微的细雨中，采下最嫩的叶尖，慢慢烘焙，存于罐中，等哪天遇见寻迹而来的好友或来客，便用龙井泉泡上一杯，品茗论禅，最是清欢不过。

辩才曾说："此泉之德至矣，美如西湖，不能淫之使迁；壮如浙江，不能威之使屈。受天地之中，资阴阳之和，以养其源，推其绪余，以泽于万物。虽古有道之士，又何以加于此。"总的意思是，这眼泉水蕴天地之灵气，渊清玉洁，刚柔并济，如古代的圣贤一般，泉品是极好的。

这话，被苏轼的得意弟子秦观给记了下来。

元丰二年（1079），在辩才归隐龙井的当年，秦观月夜应邀来访。那天晚上，明月初霁，明亮如烛，他与法师在雷峰塔下会齐，弃舟登岸，沿湖边小径，乘月策杖，迤逦而行。他们过雷峰塔，经过南屏一带，涉水过惠因涧，进入灵石坞，走一条小路上了风篁岭。这一路来连过十五座佛寺，都寂静清幽，路边屋舍的灯火若隐若现，更显得道旁草木深郁。走累了，他们便背靠着山石，捧起一掬泉水一饮而尽。深山中，月光透过竹林，林泉激激而鸣，轻柔的水雾缠绕石间，此情此景，恍如仙境。

他与辩才在寺中相会，虽已是二更天了，但良友相见，甚是欢愉，于是乘兴出院，在月色的指引下，慢悠悠地踏访风篁岭的各处景致，一路诗歌唱和。那一晚，辩才写下了《龙井十题》，秦观留下了《游龙井记》。

这篇《游龙井记》，是为这泓隐于"深山乱石之间"的泉水而立的传。文中写，在西湖之西，在浙江之北，在风篁岭之上，只有这里，才能孕育出这样的灵泉。

> 然泉者，山之精气所发也，西湖深靓空阔，纳光景而涵烟霏；菱芡荷花之所附丽，龟鱼鸟虫之所依凭，漫衍而不迫，纡余以成文，阴晴之中，各有奇态，而不可以言尽也。故岸湖之山多为所诱，而不克以为泉。浙江介于吴越之间，一昼夜涛头自海而上者再，疾击而远驰，兕虎骇而风雨怒，遇者摧，当者坏，乘高而望之，使人毛发尽立，心掉而不禁。故岸之山多为所胁，而不暇以为泉。惟此地蟠幽而踞阻，内无靡曼之诱，以散越其精；外无豪捍之胁，以亏疏其气。故岭之左右，大率多泉，龙井其尤者也。夫畜之深者，发之远。其养也不苟，则其施也无穷。龙井之德，盖有至于是者，则其为神物之口也，亦奚疑哉。

西湖周边的山，为繁华所诱，产不了纯净的泉水。江潮周边的山呢，为大浪盐碱所苦，诞不了甘甜的泉水。只有风篁岭，曲折幽静，远离人烟大潮，没有虚幻的浮华分化灵气，也没有悍浪的凶险抑制灵气，所以在这山岭之间，能有如此多的清泉在此流淌，龙井泉便是其中的尤品。源泉越深邃，流得就越远，无穷无尽，润泽万物，泉品之美，确如辩才法师所说的那样。

缓缓流出的泉水的魂灵是如此鲜活、可爱，辩才法师也是非常喜欢，后来他特意请好友米芾誊写，请人摹勒入碑，将《游龙井记》立在了龙井泉边。

来看的人啊，是越来越多，进寺的人也越来越多。文谈的、求解的、借宿的、祈愿的，只要你来，总有一

龙井泉

杯泉水烹煮的清茶在握，沁肺腑，涤人心，谁能不爱山坳里的这方小小寺院呢？于是，辩才不由得又做起了住持，而曾经只种下几株茶树的山上，在众僧的开垦下，也逐渐布满了整个狮子峰。

但是，当时的茶还没被叫作龙井茶。田艺蘅认真地考证了一番，说宋代的人们只说这是宝云茶、香林茶或是白云茶。直到辩才过世两百多年后，元代的一位叫虞集的爱茶人写下一首《次邓文原游龙井》，这树由寺而栽的茶才从此"出圈"，成为世人津津乐道的一杯名茶。

在遇见这杯茶之前，虞集与好友们正畅游西湖山水，当他们在龙井徘徊时，好好的晴日突然起了云，眼见就要落一场大雨，他们忙在附近寻了一处屋舍躲避。屋主人热情地接待了他们，端上了新鲜的蔬果，也沏了几杯在龙井山上自采的春日新茶。这一尝，虞集惊呆了，没想到山中的茶味竟如此美妙。

> 但见瓢中清，翠影落碧岫。
> 烹煎黄金芽，不取谷雨后。
> 同来二三子，三咽不忍漱。
> 讲堂集群彦，千磴坐吟究。
> 浪浪杂飞雨，沉沉度清漏。
> 令我怀幼学，胡为裹章绶。

诗句很美，信息量也很大。

"烹煎黄金芽"告诉我们，当时茶叶的形状已不再是宋代流行的团茶，而是不经碾压的散茶了。"不取谷雨后"点明了龙井所产的好茶采摘时间是在谷雨之前。

至于品茶的体验，须得是"同来二三子，三咽不忍漱"。品茶不能是一饮而尽，讲究品字三个口，一杯茶分三口喝，分三个层次品尝。一口品茶味，二口品茶香，三口品茶韵。每次吸吮一小口，微微地，细细地啜着，在口中稍留，再缓缓咽下。

喝茶的氛围感也是极其重要的，同一杯茶，如是在闹市间讨得，定是比不上在山野农家里巧遇。更讲究的，

"或会于泉石之间，或处于松竹之下，或对皓月清风，或坐明窗静牖，乃与客清谈款话，探虚玄而参造化，清心神而出尘表"[1]。而此刻，"浪浪杂飞雨，沉沉度清漏"，好友清谈在旁，是再好不过了的享受了。

田艺蘅在《煮泉小品》中对此也做了总结：

> 煮茶得宜，而饮非其人，犹汲乳泉以灌蒿莸，罪莫大焉。饮之者一吸而尽，不暇辨味，俗莫甚焉。

茶煮得好，喝茶的人不对，就如同用清冽甘美的山泉水去浇灌散发臭味的蒿草，罪过罪过啊！而喝茶的时候一饮而尽，甚至来不及领略真味，唉，真没有比这更俗气的事了。

他还小小地怼了下苏轼，说苏轼写过"从来佳茗似佳人"，这茶如佳人，言论虽妙，但似乎有些不稳重，"恐不宜山林间耳"。在山林中的见到的佳人，我想想只有"毛女"或"麻姑"，仙风道骨，不浇烟霞可也。若是桃脸柳腰的佳人，宜亟屏之销金帐中，还是不要来沾染我的林泉啦！

文人们的热爱就是如此纯粹，为了莼羹鲈脍可以弃官回乡，为了林泉可以翻山越岭，甚至不到朝廷报到。正是有了热爱，有了这些热爱山水的文人，有了文人们的文字，才有了我们现今万千魅力的山山水水。

就如林泉，简简单单的两个字，分开看并无特别，但放在一起，就有了一份包蕴万千、延绵不绝的意境。

春水淡蕴，夏水奔放，秋水明净，冬水沉隐，在对自然的感知中，林，不再是普通的林木，泉，也不再是寻常的泉水，它是千古文人们的"林泉之志""烟霞之侣"，也是"梦寐在焉"的心灵归处。

觅泉去

◎芽茶烹得与尝新——虎跑泉

虎跑泉位于大慈山白鹤峰下慧禅寺（俗称虎跑寺）侧院内，泉水晶莹甘洌，居西湖诸泉之首，被誉为"天下第三泉"。关于"虎跑"的来源，宋代周密在《武林旧事·湖山胜概》里记道："旧传性空禅师居此，无泉，二虎跑地而出。""西湖龙井虎跑水"被誉为西湖双绝，古往今来，凡是来杭州游历的人们，无不以能身临其境品尝一下以虎跑甘泉之水冲泡的西湖龙井之茶为快事。

◎随潮涨落水无波——龙井泉

龙井泉位于杭州西湖西面的风篁岭上，是以泉名井，又以井名村，龙井村是世界上著名的西湖龙井茶的五大产地之一。龙井泉历史悠久，在三国时期就已闻名，明正统十三年（1448），在龙井发现一枚"投龙简"，上面刻的就是东吴赤乌年间向"水府龙神"祈雨的告文。宋代诗人苏轼曾多次到龙井游览，留下了"人言山佳水亦佳，下有万古蛟龙潭"的诗句。

◎金鳞玉翅舞涟漪——玉泉

玉泉位于仙姑山北的清涟寺内，到玉泉观鱼的雅事可以追溯到宋代。明人张岱在《西湖梦寻·玉泉寺》中有详细记录："玉泉寺为故净空院。南齐建元中，僧昙起说法于此，龙王来听，为之抚掌出泉，遂建龙王祠。晋天福三年，始建净空院于泉左。宋理宗书'玉泉净空院'额。祠前有池亩许，泉白如玉，水望澄明，渊无潜甲。""春时，游人甚众，各携果饵到寺观鱼，喂饲之多，鱼皆餍饫，较之放生池，则侏儒饱欲死矣。"

◎一泓清可沁诗脾——冷泉

冷泉在灵隐寺前，飞来峰西面，泉旁还有冷泉亭。据说，白居易和苏东坡都很喜欢冷泉亭。白居易曾在《冷泉亭记》中写过："东南山水，余杭郡为最。就郡言，灵隐寺为尤。由寺观，冷泉亭为甲。"林积还曾写过一首《冷泉亭》诗："一泓清可沁诗脾，冷暖年来只自知。流向西湖载歌舞，回头不似在山时。"明代大画家沈石田，对冷泉的评价更高："湖上风光说灵隐，风光独在冷泉间。"

◎石泉松籁春无那——径山泉

径山泉位于余杭径山寺内。宋代著名书法家、文学家、茶学家蔡襄喜欢用这里的泉水泡茶，他曾在游径山时说："见泉甘白可爱，汲之煮茶。"《临安县志》里记载，清代诗人张京元也曾赞道："泉清茗香，洒然忘疲。"

◎石上飞泉松下庵——法雨泉

法雨泉，在理安山大人峰东麓，理安寺禅堂左侧，法雨岩下。方井内，泉水自岩壁间慢慢滴落，形成蒙蒙的雨幕，发出泠泠清响。古人有诗赞曰："晓为云气夕为岚，石上飞泉松下庵。欹枕欲眠惊未得，恍疑秋雨落澄潭。"古寺幽幽，泉水叮咚，别有禅趣。俞樾在其《春在堂随笔》一书中写道："寺僧导观法雨泉，清莹可爱。中有泉龙，不过二寸，而有四足，具五爪。"据考证，这种动物是两栖类蝾螈的一种，是珍稀古生物的活化石，现在已不多见。

◎方池澄一勺，名与虎跑齐——白沙泉

关于白沙泉，《梦粱录·井泉》里有记载：其泉自白沙中出，有诗咏曰："不见泉来穴，沙平落细声。夜高寒月漾，银汉大分明。"不知是否就是此泉。白沙泉由假山环绕，上有康有为题的"白沙泉"三字。

◎得泉以思翁，昔僧何其贤——六一泉

张岱《西湖梦寻·六一泉》条记载道：六一泉在孤山之南，一名竹阁，一名勤公讲堂。宋元祐六年，东坡先生与惠勤上人同哭欧阳公处也。勤上人讲堂初构，掘地得泉，东坡为作泉铭。以两人皆列欧公门下，此泉方出，适哭公讣，名以六一，犹见公也。其徒作石屋覆泉，且刻铭其上。

第五章

人皆苦炎热，我爱夏日长

赤日几时过，清风无处寻。

经书聊枕藉，瓜李漫浮沉。

兰若静复静，茅茨深有深。

炎蒸乃如许，那更惜分阴。

——〔南宋〕曾幾《大暑》

　　北宋皇祐四年（1052）的一个夏日，蔡襄①临时放了好友鸽子。

　　他说："太热了！我就不去你家啦！"

　　热到什么程度呢？不是"酷热"，是"苦热"。

　　"日夕风日酷烦，无处可避，人生缰锁如此，可叹可叹！"②这一天从早到晚的，走到哪儿都是火辣辣的大日头和热呼呼的风，没地方避去。可叹可叹啊！

　　梅尧臣③跟帖："大热曝万物，万物不可逃。燥者欲出火，液者欲流膏。飞鸟厌其羽，走兽厌其毛。……"④人哪，都要热化了，仿佛是火炉中穿棉袄，连鸟兽都厌恶自己的羽毛，恨不得摆脱这一身的累赘，真是太难过了。

　　陆游也不太熬得住，在《苦热》诗里说："万瓦鳞鳞若火龙，日车不动汗珠融。无因羽翮氛埃外，坐觉蒸炊釜甑中。"日头火辣辣的，人就像坐在蒸笼里，任身上汗水滂沱别无他法。

①蔡襄（1012—1067），北宋名臣，书法家、文学家、茶学家。
②语出蔡襄《暑热帖》。
③梅尧臣（1002—1060），北宋诗人。
④语出梅尧臣《和蔡仲谋苦热》。

那等到夜晚怎么样？宗泐①有答案："此夜炎蒸不可当，开门高树月苍苍。天河只在南楼上，不借人间一滴凉。"②别寄希望了，都一样。看上去宁静美好，实际上也如在蒸笼中蒸烤一般，一点凉意都没有。

这样的天，米芾也只能给朋友写信说：不行了，暑热难耐，我要到山里去享受没有溽热的安适生活，等到秋天再出来。

但，即便苦热，也有人爱。

在蒸腾的夏日里，苏堤看新绿、东郊玩蚕山、三生石谈月、飞来洞避暑、压堤桥夜宿、湖心亭采莼，湖晴观水面流虹、山晚听轻雷断雨，乘露剖莲雪藕、空亭坐月鸣琴，观湖上风雨欲来、步山径野花幽鸟，高濂趁热逛遍了山川湖泊。

你若问他感觉怎么样，他摇扇一笑，独家体验，"勿令知此清凉乐园"③。

## 一、等雨来

清凉不过一场雨。

六月里的一日，高濂正闲散地躺在自家的小楼里，突然间就起风了。远处，山溪间的云雾升起，山色开始阴晴不定，湖水的颜色也变得深沉起来。与山连接的浓云开始漫过毒辣的日头，每飘过一处，天色便黯淡一处。云跑得极快，像被疾风吹散的絮，明暗交错，雷声在云间隐忍，偶尔一声闷响，天、地、人都等着一场尽兴的大雨。

①宗泐（1318—1391），元末明初僧人。
②宗泐《暑夜》。
③语出《四时幽赏录·飞来洞避暑》。

高濂悠闲地躺着，眼前的窗正好框住了这幅自然之境。画面奇幻，扯人心弦，酒啊瓜啊都不吃了，他就静静看着，听着。顷刻间，"风号万壑，雨横两间"①，湖面掀起骇浪，湖中的烟雨犹如泼墨山水画一般，令人心飞神动，好不畅快。

他想，熙宁五年（1072），苏轼在望湖楼上看到的那场雨，也许也如今日这般。

望湖楼，有着城中看湖最好的景致。苏轼坐在二楼靠窗的位置，喝着小酒，身上衣衫微湿，饶有兴致地望着窗外。他此次外出的目的本不是望湖楼，但下雨了，恰好来到望湖楼下，就是上天最好的安排。

出门时，天气正晴。苏轼乘着小船，品着用甘甜井水酿造的美酒，心情大好。虽说今年遇到旱情，江浙一带百姓到了用瓦罐装水互赠的困境，但唯独杭城百姓没有因缺水而焦虑，作为通判的他觉得自己还是做了一些事的，至少疏通钱塘六井让人们得到了实惠。

船正好划到望湖楼时，天忽然就变了，远处水天交错之处涌来了一片黑云，浓郁得就像白纸上泼翻了一盘墨汁，霎时就晕染开来。这片云不偏不倚，直向湖上奔来，一眨眼间，便洒下一场倾盆大雨。船篷上豆大的雨点砸下，密集得就像洒落的珍珠，湖面上溅起了无数水花，像白珠碎石般飞溅入船。船上有人吓坏了，嚷着要靠岸。可是苏轼朝远处一看，远处的群山依然映着阳光，全无半点雨意，他知道，这不过是一场过云雨，转眼就收场了。事实上也确实如此。这片黑云，顺着风势来，也顺着风势移去。还不到半盏茶工夫，雨过天晴，依旧是一片平静，水映着天，天照着水，又是一派明丽清新的风光了。

① 语出《四时幽赏录·观湖山风雨欲来》。

湖滨晴雨

"黑云翻墨未遮山，白雨跳珠乱入船。"高濂轻轻吟着诗句，你看，夏日的雨就是这么爽朗可爱。

大多数人觉得下雨无事可做，怎么会呢？

可以会友，"风雨如晦，鸡鸣不已。既见君子，云胡不喜"。可以品酒，"昨夜雨疏风骤，浓睡不消残酒"。可以闲钓，"青箬笠，绿蓑衣，斜风细雨不须归"。可以，嗯，还可以撸猫，"溪柴火软蛮毡暖，我与狸奴不出门"[1]。

高濂觉得最惬意的，是躺在家中床上听雨。

清晨的雨，是烟笼长柳，无声无息，就像置身在寂寂无人的苏堤上，湖水轻拍石岸，柳枝濡湿清亮，迟暮的花瓣轻轻落下，地上一片薄红，行在其中，忘了来路，不知归途，"恍入香霞堆里，不知身外更有人世"[2]。

晌午的雨，是风起云涌，飞沙走砾。就像刚刚下过

① 语出陆游《十一月四日风雨大作》。
② 语出《四时幽赏录·苏堤看新绿》。

的那场大雨，犹如千军万马，气势磅礴。没有春雷帮腔作势，没有秋霜作威作福，更没有冬雪阴郁逼压，自有一番气势。西湖应是有龙的，高濂觉得，不然雨怎么会有如此威力？他曾见过，在狂风骤雨间，一条龙缓缓浮出水面，背部的龙鳞是近黑的青色，腹部闪烁着珍珠一样的莹光，它盘旋着身躯，搅得四周云气升腾、雨花飞旋。忽然龙身直立冲天，湖水剧烈地奔涌跳跃，卷起一人多高的浪头，喷射如瀑，而后，一下深潜入水，风雨戛然而止，一切的一切，又回复到最初的平静。

黄昏的雨，伴着梧桐片片，蝉声嘶鸣。山间禅寺晚课的钟声隐隐传来，湖面的渔船已点起渔灯，鱼贯归来，如星河闪耀。可能是午间的酒太有劲了，高濂一觉饱睡方醒。他懒懒斜倚在床栏上，身心爽朗，看着窗外细细残雨，月影摇曳湖中，美得像一幅画。如果是在山中，那就是鸣琴醉卧，被轻风拂醒，雷声在山中隐隐，云含剩雨，数点飘摇，再看月色依旧，晚钟更为悠长。

深夜的雨，时疏时骤，时轻时狂。浓睡的人，雨不扰梦，失眠的人，伴着雨声辗转到天明。这一生，风里来，雨里去，南宋词人蒋捷说："年少的时候，歌楼上听雨，红烛盏盏，昏暗的灯光下罗帐轻盈。人到中年，在异地的小船上，看蒙蒙细雨，茫茫江面，水天一线，西风中，一只失群的孤雁阵阵哀鸣。而今人至暮年，两鬓斑白，独在僧庐下听细雨点点。想到人世的悲欢离合，似乎总是那样的无情，既然如此，又何必感慨呢？就任随那窗外的雨，在阶前点点滴滴直到天明。"

就像苏轼，多少年后，还记着望湖楼的那场雨，"还来一醉西湖雨，不见跳珠十五年"[①]。往复日夜中，个中滋味，都是尝后再道。

①语出苏轼《与莫同年雨中饮湖上》。

110

等雨停了，醒来了，就跟高濂去湖边吧。

> 湖山过雨，残日烘云，峦霭浮浮，林铺翠湿，浴晴鸿鹭争飞，拂袂荷风荐爽。忽焉长虹亘天，五色炽焰，影落湖波，光彩浮濯。乍骇蛟腾在渊，滉荡上下，水天交映，烁电绝流，射日蒸霞，似夺颓丸晚色。睥睨静观，景趣高远，不觉胸中习气，欲共水天吞吐。此岂丰城伏剑，时为幽人一剖璞中蕴色。①

在水天吞吐之下，没有什么过不去的坎。

## 二、三生之约

高濂写过一本《玉簪记》，讲的是道姑陈妙常与书生潘必正一见钟情、以曲通情、以词定情、冲破世俗礼法不负真情终成眷属的故事。

一见钟情是真，但是两个人的缘分却开始得更早，早在两人尚在娘胎中，双方父母就以玉簪和鸳坠为聘，指腹为婚。两个家庭一朝分别，十六年音信全无，陈女潘郎从未谋面。后来金兀术南侵，陈娇莲与母亲于避难途中失散，就投入女贞观栖身，改名为妙常。潘必正呢，被父亲催试，不幸染病落第，羞于回家，就到姑母主事的女贞观中暂住。自此，本该相遇的两个人在不知真情的情形下，一见钟情了。

两个年轻人，无约而合，乘着融融夜月，来到悄悄闲庭。他们各怀心事，均难排遣，霁月相逢在白云楼下，恰是高山流水得遇知音。不需自我介绍，也没有多余话语，只以琴声传情、歌声寄意。

① 语出《四时幽赏录·湖晴观水面流虹》。

小儿女的春心初萌，是情不自禁地言辞暧昧，故作矜持地铁石心肠。当面有情不是情，背人之处方是真。潘必正假意离去，又悄悄走回，偷听妙常心事；妙常见他离去，心动神摇，两声"潘郎"，心思全显。

从古到今，缘分天注定都是人们最爱的题材，无论男女，不限爱情。

天竺山下就有一块缘分石。

它在一片嶙峋怪状的石林之中，倒也好认，那块如三足鼎般立着的就是，人们称它为三生石。三生代表着前生、今生、来生，所有的似曾相识，都源自三生三世的牵挂。

在山空月静的夜晚，高濂与高僧好友在三生石旁汲泉烹茶。石面已长有微微青苔，带着夜露的湿意，轻风穿过山野，树影碎剪在席间，举杯饮一口明月，凉意沁人。

三生石不止杭州一个地方有。据说，在南岳衡山有一块，在蜀地万州的周溪也有一块。所有的三生石都脱胎于同一个兄弟情的故事，讲的是李源与圆泽的三世之约。

传说最早记载于唐代袁郊《甘泽谣》，后世有多个版本，最为人熟知的是苏轼这版：

富家子弟李源，因为父亲在变乱中死去而体悟人生无常，发誓不做官、不娶妻、不吃肉食，把自己的家捐献出来改建成惠林寺，并住在寺里修行。

寺里的住持圆泽禅师，很会经营寺产，而且很懂音乐，

《西湖佳话古今遗迹》之三生石迹

李源和他成了要好的朋友，常常坐着谈心，一谈就是一整天。

一日，他们相约共游四川的青城山和峨眉山，李源想走水路从湖北沿江而上，圆泽却建议由陆路取道长安斜谷入川。李源不同意，圆泽只好依他，感叹地说："人的命运，有时真是由不得自己啊。"

于是，两人就一起乘舟北上。等到了南浦，船靠在岸边时，一位穿花缎衣裙的少妇缓缓走来，到河边取水装罐，圆泽看着看着，眼眶湿润，对李源说："其实，我不愿意走水路，就是怕见到她。"

李源非常诧异，圆泽说："她姓王，我注定要做她的儿子。因为我不肯来，所以她三年有孕还生不下来。现在既然我已遇到，就不能再逃避了。"

圆泽与李源约定："三天后，请你来王家看我，我将以一笑作为证明。十三年后的中秋夜，你来杭州的天竺寺外，我一定会来和你相见。"

李源悲痛后悔，但无能为力。等到黄昏，圆泽果然就圆寂了，他在河边看见的那位王姓妇人也随之诞下了小儿。

三天后，李源去看婴儿，婴儿见到李源果真微微一笑，李源便把一切都告诉王氏。王家也感叹于这因果，出钱将圆泽埋葬在了山下。而李源再也无心情去游山，他回到惠林寺，寺里的徒弟说，其实圆泽早就写好了遗书。

李源一直记着圆泽的承诺，十三年后，他从洛阳赶到杭州的天竺寺，去赴那许下的约。寺外，葛洪川畔忽然传来一阵牧童拍着牛角的歌声。李源一听，知是旧人，忍不住问道：

"圆泽，你还好吗？"

牧童说："李公真守信约。但可惜，我的俗缘未了，今后不能和你再一起行游了，将来我们还会再相见的。"

牧童继续唱着歌，走向山林深处，从此不知道往哪里去了。

又过了三年，大臣李德裕向唐穆宗上奏本推荐李源，说他是忠臣之后又很孝顺，请给予官职。于是唐穆宗封李源为谏议大夫，但这时的李源早已彻悟，看破了世情，不肯就职，一直过着隐居生活，活到了八十岁。

牧童唱的那首歌，就在苏轼写的《僧圆泽传》里。

在湖上遇见的那场大雨过去整整二十年后，作为杭州知州的苏轼被召返京，与诸位朋友作别。到天竺寺时，僧人惠净以石赠行，苏轼则书《僧圆泽传》以遗山中。

> 三生石上旧精魂，赏月吟风不要论。
> 惭愧情人远相访，此身虽异性常存。
>
> 身前身后事茫茫，欲话因缘恐断肠。
> 吴越山川寻已遍，却回烟棹上瞿塘。

这是故事里最动听，也是最令人回味的一首歌。

唱吧，唱吧，林间回荡着高濂的歌声，几声鹤鸣传来，像是为之唱和。此时，一轮洞见三生的明月挂在枝梢，想必妙常和潘郎也相依在哪里，许下三生三世的愿。

## 三、闲事十六件

高濂的夏日闲事有十二，在苏轼认为，倒有十六。

清溪浅水行舟；微雨竹窗夜话；暑至临溪濯足；雨后登楼看山；

柳荫堤畔闲行；花坞樽前微笑；隔江山寺闻钟；月下东邻吹箫；

晨兴半炷茗香；午倦一方藤枕；开瓮勿逢陶谢；接客不着衣冠；

乞得名花盛开；飞来家禽自语；客至汲泉烹茶；抚琴听者知音。[1]

① 苏轼《赏心十六事》。

无论是十二还是十六，说的都是一个理，夏日闲赏，赏的是心。高濂说，夏日蒸腾，但我"冰雪在心"，所谓心静自然凉，大抵也就是这么个意思了。

十六件闲事，件件说来都似画。

先说行舟吧。江南的水大多是清清湾流，相比北方的水更多了几分柔美。水不同，心性也不同，所以苏轼的"江海寄余生"①不会在杭州，杭州的是"风船解与月徘徊"②。

与月徘徊，要乘扁舟。那是最单薄的小船，没有华丽的船舱，也非柏、松等高级木料所造。它不需要太多人力和外力，仅靠流水与清风，便能从流漂荡，任意东西。这般轻快、逍遥，才适合在月下行、荷中去，才会有"独棹小舟归去，任烟波飘兀"③，才会有"船头斫鲜细缕缕，船尾炊玉香浮浮"④。

一天晚上，苏轼又喝酒了。一个酒至微醺的人就这么独自闲坐在舟上，从子夜待到破晓。他看到了新月渐圆，月色渐消，启明星升，夜荷拂香，天光大亮……心中似有千般不如意，可这身体竟又如此适意，灵魂上的羁绊与身体上的自由交融于一叶扁舟，美不胜收，可他却偏偏要全部收下，写下《夜泛西湖五绝》。

> 新月生魄迹未安，才破五六渐盘桓。
> 今夜吐艳如半璧，游人得向三更看。
>
> 三更向阑月渐垂，欲落未落景特奇。
> 明朝人事谁料得，看到苍龙西没时。
>
> 苍龙已没牛斗横，东方芒角升长庚。
> 渔人收筒及未晓，船过唯有菰蒲声。

①语出苏轼《临江仙（夜饮东坡醒复醉）》。
②语出苏轼《六月二十七日望湖楼醉书（其二）》。
③语出苏轼《好事近·湖上》。
④语出苏轼《和蔡准郎中见邀游西湖三首（其一）》。

菰蒲无边水茫茫，荷花夜开风露香。
渐见灯明出远寺，更待月黑看湖光。

湖光非鬼亦非仙，风恬浪静光满川。
须臾两两入寺去，就视不见空茫然。

　　仔细看，这五首诗真是奇妙得可爱，前一首诗的结尾，恰是下一首诗的开头，首尾相连，彼此呼应。第一首是三更观月，到第二首时"月已阑珊"；第二首的苍龙渐退，到第三首时，太白星已经出现；第三首的湖水漾声，到第四首时，只剩下茫茫湖面；第四首的湖光映月，到末首时，天色渐白，这一夜，就只剩下了一片茫然。

　　高濂点评说，这纵情安逸的舟中人，谁敢说不是脱离红尘俗世的罗汉呢？若日长无事，舟中静坐，正是惶惶人生中难得的一缕闲。

　　微雨竹窗夜话，这是苏轼的偏爱了。或许是出生在竹乡眉山的缘故，他这一生都行事如竹，不曾改变。人都听过《於潜僧绿筠轩》的那句"宁可食无肉，不可居无竹"。竹子和肉如果一定要二选一，一定要选竹子。后面还有两句："人瘦尚可肥，士俗不可医。"放到现在可怼死人了，意思是瘦了可以吃胖，但俗了，你可就没救了。

　　在一个炎炎夏日，苏大人坐在堂上，看着窗外竹林青翠可爱，一时兴致勃发，想作画了。但书案上没有砚墨，只有一盒朱砂，于是，蘸起朱砂便画了起来。

　　"苏大人，这世间只有绿竹，哪来的朱竹？"虽然竹是画得修长挺拔，颇有风度，但围观的众人对颜色始终有些难以接受。

苏轼画上最后一片竹叶，回答道："你也说，世间只有绿竹，但既然可以用墨画，为何不能用朱砂来画呢？"

别说，这红色的竹确实令人耳目一新。据说由于苏大人的首创，朱竹的风尚便从此在文人圈里流行起来了。

米芾已经习惯了苏轼的不走寻常路。曾经，他也很纳闷：这位好友画的竹，为什么总是一笔到顶，从不分节？苏轼的回答，竟让他无法反驳："竹子生长的时候，难道是一节一节长的吗？"既然不是一节节长，画竹又何尝要"逐节分"呢？为了让米芾信服，苏轼还写了篇小论文。他在《文与可画筼筜谷偃竹记》中是这样论述的：初生之竹，刚具一寸就已经有叶有节了，也就是说，这种生长是自然而然的，那么我们在画竹时也应该是自然而然，而不是人为地按照我们眼之所见的那个样子节节画，否则便限制了那个"自然而然"。所以啊，画竹其实是要"成竹在胸"。不在求真，而是求"得其情而尽其性"。这样的"竹"看起来似乎不合"常形"，但合"常理"。对于自己的这个观点，苏轼觉得，"此非高人逸士不能辨矣"。

杭州处处是竹，寺前有禅竹，山间有新竹，屋旁有青竹。要说哪里竹林最多，高濂说，可以到西溪看看。

西溪竹多花多。冬日这里的梅是盛景，大学问家杨师孔在《法华山看梅记》说，是"竹密松深，梅花万千树"，是"竹下映梅，深静幽彻"，想想看，梅花能"蔽云欺日，香雪万重"，是多么壮观的景致。夏日无梅，却也有灿烂野花在山坞间绽放，苏轼的"花坞樽前微笑"

梅竹山庄

这里就可以实现。

高濂看着满山的竹，心里馋的却是来年的笋。

> 西溪竹林最多，笋产极盛。但笋味之美，少得其真。每于春中，笋抽正肥，就彼竹下，扫叶煨笋，至熟，刀截剥食，竹林清味，鲜美莫比。人世俗肠，岂容知此真味。[①]

笋可真是山中妙物，宋代灵隐寺高僧赞宁写了一本《笋经》，林林总总记录了各地的笋，从生长到品食，高濂印象最深的倒是寺院素斋中那些以笋作馔的菜式，如烧皮笋、象芽雪笋、炒玉兰片、清馨鞭笋、白玉笋翅……济颠和尚都忍不住，肚中馋虫大声叫嚷着，快来份"拖油盘内煿黄金，和米铛中煮白玉"[②]。

竹林里冒出的笋尖儿，一根一根，嫩黄肥憨的，高

① 语出《四时幽赏录·西溪楼啖煨笋》。
② 语出济颠《笋说》。

濑手边没有烹调的器具，就用最原始的方法来煨。先捡好石块搭起野灶，再将竹下的落叶碎枝堆拢点燃，便可将笋丢进去烤了。等到熟了，用尖锐的小石在笋壳上划开口子，趁热剥着吃，那真是"竹林清味，鲜美莫比"，哼，人世俗肠，岂容知此真味。

两位高士真是对俗不可忍。这要搁现在，年轻人对两位的经典吐槽之言只能是暗暗佩服，并飞快地打出三个字："夺笋啊！"

俗人们不会静静候着，隔江山寺闻钟，不会有月下东邻吹箫、抚琴听者知音的闲致，也等不及晨兴半炷茗香、乞得名花盛开。但雅俗共赏的快乐人人有之，临溪濯足，登楼看山，与友说想说之话，谈乐谈之事，足矣。

## 四、最凉不过浮瓜沉李

高濑的闲躺，不是没有理由的。在临水的楼阁里，必定要放着一盆浮瓜沉李。

浮瓜沉李，最初只是把瓜和李子放到水中，后来在劳动人民的不断实践下，人们开始用冷水浸泡瓜果以消夏暑。有了这些冰冰凉凉的果子，夏天也变得有所期待。

第一次说出这个词的，可能是曹丕。

> 浮甘瓜于清泉，沉朱李于寒水。白日既匿，继以朗月，同乘并载，以游后园。[1]

它诞生于东汉建安十六年（211）夏季，一场文人们的夏日"团建"活动，曹丕称之为"南皮之游"。

[1]语出曹丕《与朝歌令吴质书》。

宋时冰镇瓜果

在《与朝歌令吴质书》中，曹丕怀念了南皮之游。一群文人妙思六经、弹棋、高谈，"浮甘瓜于清泉，沉朱李于寒水"，消暑纳凉。曹丕是"追思昔游，犹在心目"，而且是不止一次地念及，"每念昔日南皮之游，诚不可忘"。

如果后来王羲之的兰亭雅集带给我们的画面是暮春之初的"曲水流觞"，那么南皮之游则是夏日里"浮瓜沉李"的凉爽。

《梦粱录·六月》里写道：六月初六，"是日湖中画舫，俱舣堤边，纳凉避暑，恣眠柳影，饱挹荷香，散发披襟，浮瓜沉李，或酌酒以狂歌，或围棋而垂钓，游情寓意，不一而足"。要是没有浮瓜沉李，那些游船的，赏荷的，饮酒的，唱歌的，下棋的，钓鱼的人们，可能就不那么爽快了。

苏轼说："大盆如命取去，为暑中浮瓜沉李之一快也。"①姑娘家家的赏着雨后荷花，品着冰凉的西瓜，说："风蒲猎猎小池塘，过雨荷花满院香，沉李浮瓜冰雪凉。"②游船的人们则是万物皆可冰，福建的荔枝和李、奉化的杨梅、秀莲新藕、蜜筒甜瓜、椒核枇杷、紫菱、碧芡、林檎、金桃、蜜渍昌元梅、木瓜、豆儿水、荔枝膏、金橘等。咬上一口，汁水四溅的冰甜瓜果，占据了饕餮之徒的大半个夏天。到了高濂这一代，王孙公子们又多了一样，那便是"雪藕调冰，浮瓜沉李"。

高濂曾在清晨乘舟划往藕花深处寻莲探藕，他说莲实之味美在清晨水汽夜浮之时，所以要夜宿岳王祠，趁晓雾未开，划小舟在湖光迷蒙中剥露中莲实，捞色绿之藕。

> 莲实之味，美在清晨，水气夜浮，斯时正足。若日出露晞，鲜美已去过半。当夜宿岳王祠侧，湖莲最多。晓剖百房，饱啖足味。藕以出水为佳，色绿为美，旋抱西子一湾，起我中山久渴，快赏旨哉；口之于味何其哉？况莲德中通外直，藕洁秽不可污，此正幽人素心，能不日茹佳味？③

高濂到底还是实在，自己挖藕去。苏轼是怎么做的呢？

> 柳庭风静人眠昼，昼眠人静风庭柳。香汗薄衫凉，凉衫薄汗香。　手红冰碗藕，藕碗冰红手。郎笑藕丝长，长丝藕笑郎。④

在一个白日静悄悄的庭院里，一位女子睡得正香，那微风还吹拂着庭院里的柳树。女子流汗了，衣衫被汗

①语出苏轼《答苏伯固三首（其三）》。
②语出李重元《忆王孙·夏词》。
③语出《四时幽赏录·乘露剖莲雪藕》。
④苏轼《菩萨蛮·回文夏闺怨》。

水湿透，伴着脂粉香，汗也变得香起来。她手上还握着一碗冰凉凉的藕片，将她的细嫩的手冻得也如藕片般轻红。她嘴角轻轻扬起。梦中，郎君笑她藕丝牵连得是那样的长，长长的藕丝却又笑着郎君呆呆的傻样子。

看，这夏日一藕，多绮丽。

湖上劳作一番，高濂又回到他的小楼里躺下了。

人说苦夏苦夏，炎热并不是无可避，也可以有诸般应对，诸般热闹。

往凉席上一躺，吃着冰镇的水果，再来杯小酒，看着满湖繁花，心满意足。

消夏暑

◎夏日的清凉乐园——飞来洞

　　灵隐寺前有一巨石，名叫飞来峰，又名灵鹫峰、天竺峰。相传印度高僧、灵隐寺开山祖师慧理看到飞来峰时说此山是中天竺国（印度）灵鹫山的小岭飞来的，故而得名飞来峰。飞来洞是飞来峰众多奇幻玲珑的洞壑之一，在三伏天火烧火燎的时候，洞里"初入体凉，再入心凉，深入毛骨俱凉哉"，高濂会到这里"披襟散发，把酒放歌"，潇洒不知人世今为何月。

◎富有意境的夏日赏月地——三生石

　　三生石位于杭州下天竺法镜寺后，莲花峰东麓。由三块天然石灰岩组成，像三足鼎一样排列，天然奇巧，安稳可坐。三生石关于李源与圆泽二人交友至诚、坚守信约的故事在民间影响至深。高濂说这里"山僻景幽，云深境寂，松阴树色，蔽日张空，人罕游赏"，夏日则是"境是仙都最胜处矣"。

◎道家清凉修行地——玉皇山紫来洞

　　紫来洞，又称飞龙洞，位于杭州玉皇山的山腰。玉皇山自古以来便是道教圣地，而紫来洞则是在清代由山顶福星观的紫东道人根据山势开辟而成，洞口以下有三个高度不同的洞室，洞中有洞，系"西湖七大古洞"之一。洞前有假山花园，可俯观古迹八卦田。在紫来洞上方有七星亭，亭旁原有清雍正年间设置的七只大铁缸，排列如"北斗七星"，以镇火龙，称为七星缸。

◎遮天蔽日的大树森林——东天目山

峡谷、瀑布、森林、云海、奇峰是东天目山的主要自然景观，明代诗人黄鼎象有"白龙潭注石泉声，泻出石崖匹练明。疑是庐山移到此，九天半落碧河声"的诗句，是对夏日的东天目山生动的写照。

◎夏日冰饮的快乐——夜市

南宋杭州的夏天很惬意，从士大夫到普通百姓都很悠然自在，六月开始，各种水果和清凉饮料登场，夜市也通宵达旦，《梦粱录》里记载有林檎、金桃、木瓜、豆儿水、荔枝膏等，好不清凉。城中的人"湖中画舫，俱舣堤边，纳凉避暑，恣眠柳影，饱挹荷香，散发披襟，浮瓜沉李，或酌酒以狂歌，或围棋而垂钓，游情寓意，不一而足"。

第六章

一朵芙蕖，开过尚盈盈

凤凰山下雨初晴，水风清，晚霞明。一朵芙蕖，开过尚盈盈。何处飞来双白鹭，如有意，慕娉婷。　　忽闻江上弄哀筝，苦含情，遣谁听！烟敛云收，依约是湘灵。欲待曲终寻问取，人不见，数峰青。

——〔北宋〕苏轼《江城子·江景》

## 一、野塘里的一枝荷

南宋绍熙二年（1191）的一个夏夜，画师吴炳在塘边盘腿坐着。壶中的酒已饮过半，城中的热闹早已沉寂了下来，在安静的野荷塘旁，几处小小的萤火隐隐亮着，陪着久坐的画师。

吴炳在等一枝荷开。为了这枝独一无二的荷，他已经守了两天。

他寻遍了湖畔，寻遍了溪塘，最后，在凤凰山脚下的一片野塘里，找到了这枝荷。

他在心里默默地描绘着荷开放那一刻的模样。尽管他的笔下已画过无数的荷，但每一枝荷都是那样的特别，他甚至没有画过一片同样的荷瓣，即便是同一枝荷，每次开放时，也从不会有相同的花姿。

四下无声，唯有缓缓流动的水声，搅动着他的思绪。

世上第一朵花是什么样的？他想，应该如自己梦到的那样，是一朵白莲的样子。

这朵莲，伸展着素白的花瓣，包裹淡黄色的心蕊，在漫长的岁月里，摇曳着身姿，绽放着光彩，见证过无数次春华秋实，始终是那最初的模样。那在历史的风烟里刻下的印记彼此呼应，在诗里，在画里，在梦里，有了世上无数的"爱莲说"。

在南朝，荷一定要称为"莲"的。百转千回的《西洲曲》有"采莲南塘秋，莲花过人头。低头弄莲子，莲子清如水"，还有"江南可采莲，莲叶何田田"。无论是谁，对于荷花，都要轻轻地念一声"莲"。那是江南，在彼泽之陂的心上人，俊美姣好，令人日夜思念。

它含苞欲放，被唤为菡萏，一只只"田田初出水，菡萏念娇蕊"[1]。等到荷瓣张开，就是曹植的洛神，"绿塘摇滟接星津，轧轧兰桡入白蘋。应为洛神波上袜，至今莲蕊有香尘"[2]。她是溪客、净友，是周敦颐的独爱，"出淤泥而不染，濯清涟而不妖，中通外直，不蔓不枝，香远益清，亭亭净植，可远观而不可亵玩焉"。李渔说自己有"四命"之花，夏以莲为命，"是芙蕖者也，无一时一刻不适耳目之观，无一物一丝不备家常之用者也。有五谷之实而不有其名，兼百花之长而各去其短"[3]。待到花谢叶残，还可以留得残荷听雨声。

啊，应还要加一条，他想，"荷花开后西湖好，载酒来时"[4]。

荷叶田田，荷花灼灼。如此美景，岂能无酒？

魏晋的酒，意在风流。一帮文人雅士，畅饮清谈，崇尚庄子学说，喝酒的态度和姿势无比契合自然。

①语出龚翔麟《菩萨蛮·题画》。
②温庭筠《莲花》。
③语出李渔《芙蕖》。
④语出欧阳修《采桑子（荷花开后西湖好）》。

一个人喝酒，或两个人对酌，又或者一伙人共饮，任身边的荷花舒瓣吐芳。当然，他们顾不上欣赏花的容颜，也没有对花慢饮的精致追求和秀逸心思。他们喝酒，甚至懒得端起双耳酒盏，直接就地取材，随手采下一片荷叶，拔下头上的簪子，刺破叶柄，美酒就顺着叶柄滑入了五脏六腑。一时间，唇齿间满是荷香，那滋味，是"酒味杂莲香，香冷胜于水"①。

唐代的酒，醉在浪漫。席间一杯酒，万花皆美人。"荷花娇欲语，愁杀荡舟人"②，还摇什么舟呢，索性上岸喝酒去。长安城里乐声不断，深目高鼻的异域美人手捧酒壶，身穿金纹刺绣的窄袖罗衫，佩戴缀饰金铃的尖帽，美目流盼。一朵朵莲花带着酒气，旋转绽放在盛唐夜空下，说不尽的醉生梦死。

曲院风荷

①语出段成式《酉阳杂俎》。
②语出李白《渌水曲》。

到了宋代，酒也更文艺了，人们甚至把酿酒坊开到了荷田之中。喏喏，炎热的风里，就飘来一阵一阵曲院的酒气。

"曲院"，是南宋皇室官家酿酒的处所，四周满满围着荷田。溽热的夏日，酒曲发酵蒸腾，便渗入在风里，荷香、酒香，随风散在四处，让走过的游人都醺醺欲醉。一缸缸好酒从这里酿出，被送到湖船之上，词人和各色友人们推杯换盏，一醉方休，直至天光放明。那正是宋室偏安之时，彻夜燃烧的烛油，熏得整条街巷连蚊子都不见一只。达官贵人、文人士大夫们自有从容的时间，在满湖的荷中领略醇酒歌舞。

但在这个夜晚，湖上的喧嚣与吴炳无关，他只想好好地画下这枝荷，送给偶遇的那位求画人。

## 二、求画人

"荷有十六瓣，有十四颗莲心，色如胭脂。临安城里是不是也有这样的荷呢？"求画人问。

求画人叫青栾①，是吴炳前几日在湖边遇见的姑娘。当日他在湖边走着，忽然下起了大雨，正好前边有座寺庙，便忙躲了进去。

寺中有人，佛前正站着一位女子，女子好像听到了背后的脚步声，侧着脸往后望了望。这一回首，令他呆了半晌。

她面容秀丽，一袭水雾绿纹百褶裙，素白的云烟衫上披着浅红的软纱，亭亭地站在那，就像一枝独待绽放的荷，栽种在青山绿水之间。只是，她的眉间有些淡淡

①为本篇虚构人物。

的忧伤，似是有许多心事。

吴炳不禁脱口问道："姑娘，为何独自来此烧香面佛呢？"说完觉得自己未免过于唐突了些。

对面的女子顿了顿，轻声回答道："想来，就来了。"

也是，吴炳一时语拙。招呼算是打过，便不再说话，靠在寺门旁等着雨停。

门外的西湖，已生成了一片荷塘。整个塘面烟雨茫茫的，安静朦胧得像一幅水墨画。滴滴答答，细密的雨打在荷叶上，搅起池水满腹心事，画着一圈又一圈的涟漪。近处，一朵荷压低着头，对水自怜着。

"我的家乡有一个传说。"女子突然说道，声音柔和，"雨和荷本是一对爱侣。一日，荷为救溺水的雨而亡，留下雨。雨昼夜恸哭，哭得地老天荒感动了上苍，于是将荷化作一株荷花，又把雨的泪珠化为雨水。所以每次下雨，就是他们在相会，这也是荷花最美的时候。"

吴炳望着那片荷塘，回道："幸好，此处雨总多于晴，它们相会的日子总还是多的。如是在那雨少之地，就像织女和牛郎，相会的次数可就寥寥可数了。"

"是啊，要见，总会千方百计相见，"女子喃喃道，"不见，就是天人相隔，再见不得一面了。"

原来如此，吴炳想。世事总是不遂人愿，伤心人在佛前祈求，求得前缘再续，求得能得偿所愿，只是世人的愿这么多，即便是佛祖，也惠及不了如此多人，想要如愿，有时也得靠点运气。显然，这位姑娘还未得愿。

"公子喜欢荷吗？"女子问。

"自然是喜欢的。"吴炳答道。

他画过许多荷。年轻的岁月里，他满心想画出一朵与众不同的荷来。在雨后的晴晖里，在艳阳的高照下，在月迷津渡的夜晚，在流云挽风的午后，画晨露欲滴的荷，画惊艳水鸟的荷，画私语浮萍的荷，画鱼戏莲叶的荷，还有那月下娇羞的荷。

很多个夜晚，他都在细临那些月下的清荷。藕花深处，月色弥漫下，那片荷半晦半明，一朵一朵，悄然盛开。他勾出淡粉的荷瓣，晕出墨青的荷叶，一株株清荷兀自立在水中央，寂静，欢喜。忽然，一阵湖风吹过，画中的荷散了，花影婆娑，一阵沁人的荷香飘荡开来，竟叫人一时恍惚，不知是在仙境，还是人间。

他还偶遇过一朵白荷。素白如雪，花瓣层层累累裹着莲心，似欲说还休。看到它的那一刻，画师也如遇到女子那般呆了半晌。他突然就想起了那首《迢迢牵牛星》。

迢迢牵牛星，皎皎河汉女。
纤纤擢素手，札札弄机杼。

是的，"纤纤擢素手"。这双手拢着一池荷叶，一片水光，然后慢慢展开，一株白荷在手心俏立，风姿动人。于是，他给他画的这幅荷，取名为《渌池擢素图》。

"我走过很多地方，"吴炳说，"如果长安太液池还在，真想再看看那里的千叶白莲。"

"岭南的红莲总是开在蔷薇花谢之后，红中带紫，也如荔枝般色秀味腴。"

"保州城的并蒂莲也是难得，同生同根同心，万株荷中只生得一两枝。人们都说，能见到的人定能与心上人双栖双飞。"

吴炳也跟她讲了一个故事。很久前，一个有着荷花池的村子的两户人家，东边的人家想要儿子，于是将女儿当儿子养，西边的人家想要女儿，就把儿子当女儿养。后来两家儿女相识相知，并且彼此互许心意。本来是天作之合，奈何两家父母坚决反对。反抗无果，二人双双跳入荷花池殉情，最终被一起埋在了荷花池边。第二天，二人坟上，开出了美丽的并蒂莲。

"色夺歌人脸，香乱舞衣风。名莲自可念，况复两心同。"[1]女子感叹道，"这样的结局倒也是好的。"

淅沥雨声，总是让人有倾诉的冲动，两人聊着聊着，不知不觉，已是月上枝头了。

"我该回去了。"女子说，"我叫青栾，公子你呢？"

"我是城里的画师，我叫吴炳。"他回答道。

"您能送我一幅荷吗？"青栾问，"这荷有十六瓣，有十四颗莲心，色如胭脂。临安城里是不是也有这样的荷呢？"

"应当也是有的。"吴炳说，"我定会找到，画来送你。"

"多谢公子，如果你画好了，我们还是约在这寺中，到时，我也赠你一首曲吧。"青栾笑道。说完，她微微屈

① 语出杜公瞻《咏同心芙蓉》。

〔南宋〕吴炳《出水芙蓉图》

膝，行了一个万福，往城中走去了。

在荷色涟漪的傍晚，寺外传来青栾的歌声，如露滴荷瓣般，洋洋盈耳：

彼泽之陂，有蒲与荷。有美一人，伤如之何？寤寐无为，涕泗滂沱。

彼泽之陂，有蒲与蕳。有美一人，硕大且卷。寤寐无为，中心悁悁。

彼泽之陂，有蒲菡萏。有美一人，硕大且俨。寤寐无为，辗转伏枕。[①]

① 《诗经·泽陂》。

## 三、荷花深处

青栾想求的那枝荷会在哪呢？

它会不会在群山环绕的这片湖中？吴炳太熟悉这片湖了，他与画院的同僚们不知临了多少幅夏日的湖光。有时，荷会在临湖水榭的一角，两枝，三枝，静静地开着。没人知道它们是如何来的。也许是偶然从水榭里落入湖中的莲子，从此在此扎根，孵出片片碧叶。也许是从连片的藕根中松动出来，随风飘着，慢慢聚在了榭角。它们也想看看水榭中人们看到的景致，不断地往上伸啊，伸啊，凑到了亭栏上，灿然一开，只为从未见过的湖山。

有时，荷会在湖畔的小小弯处，触手可及。它就在面前，或内敛含苞，或羞涩初绽，或幽雅盛放，或亭亭玉立。画师们绘得出清叶上的细绒、瓣上的细纹，却调不出眼中的荷色。叶是罗青烟，花是醉酡颜，李白眼中的绝世秀色，落在纸面总觉得差了点生气。于是，画上鸳鸯一双，花蝶几对，草虫数只，才补了些绮丽可爱。

大片大片的荷在水中央。湖面上船来船往，尽为赴夏日的荷约。春日的碧叶转为夏日的红粉，日日夜夜，留恋不返。用不着旌旗仪仗，自有红花为幢绿叶为盖随船而来。在一片笙歌中，画舫驶进荷花深处，荷花被采撷来放入酒杯，花光酒色，词韵悠长。这一喝，便喝到了月上时分，直到下起了朦胧微雨，船儿才载着醉倒的人们归去。

但还不尽兴，此时，"残霞夕照西湖好"[①]，斜阳映照着晚霞，映照着岸上的花坞，长满水草的小洲被映得一片橙红。船家你不用摇了，就让小船横靠在静寂无人的岸边吧，湖面波平似镜，浮云消散，眼看着明月渐升，

①语出欧阳修《采桑子（残霞夕照西湖好）》。

〔宋〕佚名《荷风图》

习习的凉风中有莲荷的清香，拂得众人的酒意都醒了不少。

　　岸上的乐坊鼓吹喧阗，宴席上，数枝荷置于玉盆之中，歌妓盈盈上前，取一枝最饱满的荷置于手心，唱的是一曲《临江仙》：

　　　　不见跳鱼翻曲港，湖边特地经过。萧萧疏风乱雨荷。微云吹尽散，凉月堕平波。　　白酒一杯还径醉，归来散发婆娑。无人能唱采菱歌。小轩欹枕簟，檐影挂星河。①

　　乐声中，荷传过一桌桌席，剥落一层层瓣，最后，只剩一颗莲心在人手心。在众人嬉笑中，拿到的人一手

① 叶梦得《临江仙·与客湖上归饮》。

137

执莲，一手举杯，酒穿肠过是醉生梦死。

少女醉到都找不到回家的路了。她随意驾起扁舟划往家的方向，谁知划来划去，竟然冒失进到了藕花深处，惊起了一滩鸥鹭。

不知是被水鸟还是雨水惊醒，荷花丛中的那一头，有人才堪堪起身。

午梦扁舟花底。香满西湖烟水。急雨打篷声。梦初惊。　却是池荷跳雨。散了真珠还聚。聚作水银窝。泻清波。[1]

有人竟是睡在荷花丛中的小舟里。好雅兴啊，他本沉醉在荷香烟霭里，小睡间，突然雨声骤起，打断了好梦。雨声如玉珠不断，跳荡着滚落向荷叶盘心，聚成一汪小池，亮晶晶。池水越积越多，荷叶终是承受不住，风来微斜，倾泻入湖里，漾起圈圈涟漪。

荷叶不知这人看得津津有味，也不知这人因太爱太难忘这份雨中趣致，又对人反复述说。

午梦西湖泛烟水，画船撑入荷花底。
雨声一阵打疏篷，惊开睡眼初蒙松。
乃是池荷跳急雨，散了真珠又还聚。
幸然聚作水银泓，泻入清波无觅处。[2]

世人皆爱湖光山色，但在这湖光与山色之间，要连接着一池荷才恰到好处。从此处，到彼处，有了一片片嫣红碧绿，才是江南，才是临安。

但青栾找的荷，应不在白居易写下的红藕花中，那

①杨万里《昭君怨·咏荷上雨》。
②杨万里《小池荷叶雨声》。

太过旖旎。大唐长庆四年（824）的五月，白居易任杭州刺史期满，奉诏离杭。在杭州的近三年时间里，他四季徜徉于西湖群山之间，在临行前的西湖饯别宴上，他道出了这三年里最难忘的心事：

> 征途行色惨风烟，祖帐离声咽管弦。
> 翠黛不须留五马，皇恩只许住三年。
> 绿藤阴下铺歌席，红藕花中泊妓船。
> 处处回头尽堪恋，就中难别是湖边。①

荷从诗中折来，带着酒的芳香。在炎热漫长的夏日，众人曾在湖边绿荫下铺席而卧、饮酒放歌，待暮日西下、月轮初上，方慵懒地离席登船，携佳人泊舟西湖的红藕花间，至意兴阑珊才缓缓而还。荷从佳人手中折来，带着脂粉香气，白居易似又醉了一回。

那枝荷不是苏轼笔下的"无主荷花"，有着"到处开"的肆意。北宋熙宁五年（1072）的六月二十七日，坐在钱塘门外昭庆寺前望湖楼内的苏轼，独自体会着西湖的晴晴雨雨。在湖中的显然比岸上的更喜遇一场时雨，"放生鱼鳖逐人来，无主荷花到处开。水枕能令山俯仰，风船解与月徘徊"②。被放生的鱼鳖在湖中追逐，不知何人所植的莲荷处处开花，渔人枕着船头，随着水浪的起伏俯仰群山，小小轻舟随性漂流，与风月徘徊。

它亦不是杨万里的"映日荷花"，那样耀眼夺目。南宋淳熙十四年（1187）六月的一个清晨，南屏山下的净慈寺外依旧残月高悬，树影映墙，杨万里与林枅已经踏出山门，向着城外而行。在朝中，杨万里是秘书少监，林枅是直阁秘书，一个管书，一个写文，两人经常一起切磋诗文、畅谈政见，眼下林枅即将赶往福州担任知州，作为好友的杨万里只能依依不舍地为他送行。

① 白居易《西湖留别》。
② 苏轼《六月二十七日望湖楼醉书（其二）》。

二人乘舟穿过荷花还未苏醒的西湖，登岸上马慢行在杨柳依依的山径，行了南山又北山，杨万里劝他说临安是繁华的京城，又有绝美的西湖，即使子方兄放得下报国壮志，又如何舍得离开江南这处"红香世界清凉国"①呢？

江南啊江南，有"绕郭荷花三十里，拂城松树一千株"②，有"烟柳画桥，风帘翠幕，参差十万人家"，有三秋桂子，有十里荷花。亭台楼榭上，有幽远歌声，有袅袅琴音，有玉人如芙蓉。缥缈云水间有一舟，一棹，一人，独享"菰蒲无边水茫茫，荷花夜开风露香"③。

此时，天光微露，满湖的红香世界被初阳笼罩着，就要醒了。

一塘的绿云，正随着晨光散去，渐渐露出千层万层的莲叶。一枝枝荷，或高或矮或正或欹，就这么悄然绽开了。他们知道，这初晓时分的"荷花笑沐胭脂露"④，马上就要幻化成六月里的"千层翠盖万红妆"⑤，铺卷为潋滟江南的十里荷花。

杨万里吟出了送行的最后一诗：

> 毕竟西湖六月中，风光不与四时同。
> 接天莲叶无穷碧，映日荷花别样红。⑥

那是西湖独有的六月，而那六月的荷，也必定会永远留在他们的心中。待到明年，又是菡萏满湖，且来花里听笙歌。

①语出杨万里《晓出净慈寺送林子方（其一）》。
②语出白居易《余杭胜景》。
③语出苏轼《夜泛西湖五绝（其四）》。
④语出杨万里《清晓湖上三首（其二）》。
⑤语出杨万里《清晓湖上三首（其三）》。
⑥语出杨万里《晓出净慈寺送林子方（其二）》。

## 四、今生的来世梦

吴炳寻遍了湖畔，寻遍了溪塘，最后，在凤凰山脚下的一片野塘里，找到了青栾的那枝荷。

它安静、美丽，远离人声的嘈杂，遗世独立着，带着些倔强，紧闭着花骨。身边，是清风、水波和朦胧的月，还多一个守着荷开的画师。

野生的荷，一朵只开数日。第三天，是它最妍媚的盛时，也是将谢的前日。

吴炳已经守了两日，抵不住沉重的眼帘，他在荷旁睡着了。

梦很奇妙。那大概是数百年后，他的一生。

梦中的他，还是出生在江南。有道人给了他父亲一枚莲子，说："食此，得宁馨儿当如此莲。"他的小名便取名为"莲子"。

他还是喜欢画画，幼时在墙上画的关公像，让家中仆人好生惊叹，以为神仙显迹，磕头祈愿。他拜了有名的画师为师，画技日精。十四岁时，他的作品只要一上集市，就有人出钱购买；十五岁时，应邀为人作祝寿图；二十一岁时，他在京城考取了秀才，在画坛声誉鹊起，正是春风得意。

暮春时节，门外忽然传来一阵马蹄声，他出门一看，在扬起的桃花中，一位仙子牵着马停在他家院门口。

"公子，我想求一幅荷。"

她翻身下马，缓缓地朝画师走来。

她姿容绝世、脂粉未施，更显得眉目深艳，犹如天边飞来的最艳的一抹云霞，日光斜照下来，越发显得她灿若桃花。

画师呆立着，他不敢相信自己的眼睛，一直心心念念想要拜会的人，竟然出现在了自己眼前。

二十三岁的初春，他第一次来到这座繁华的都城，就沉醉于这里的酒，也迷恋着这里风华绝代的佳人——董飞仙。

佳人隐于湖山之间，他往孤山寺里寻找，没有如愿寻到，斜阳下寺里的钟声唤起了乡愁，反而更增情思。望眼欲穿的他无奈归去，命船夫缓缓行舟，可惜依然没有觅到伊人倦游归来的踪影。

他失望地写下：

> 客在楚思中，斜阳听寺钟。
> 盼人惟恨见，望眼只愁逢。
> 烟色山山有，花光陌陌重。
> 回舟缓归去，觅到倦游踪。

现下，如梦一般，佳人竟出现在了自己眼前。一袭红衣，如雪地中的一团火，又如霜雪中的一枝梅，衬得她明媚动人。

"我想求一幅西湖红莲，就如——"她莞尔一笑，"就如这身红衣一般。"她剪下一片，递给画师。

画师缓缓接住，细看，原来佳人的这身是掐金挖云红香缎，清雅富丽。

"画画画！"他连声道，"小生这就动笔，姑娘请稍候。"

他进了屋，手忙脚乱地展开纸卷，提笔作画。窗外的桃花下，一人，一马，立在香风中，宁静，美好。

董飞仙接过这幅西湖红莲，向画师道别，便骑着马儿远去了。

这是画师与她的第一次的相遇也是最后一次的相遇，在往后的数十年里，画师反复忆起他们相见的场景。

> 桃花马上董飞仙，自剪生绡乞画莲。
> 好事日多常记得，庚申三月岳坟前。①

在寒冷的冬夜里，屡屡碰壁的画师躺在简陋的客舍中，鼾声如雷。

> 长安梦见董香绡，依旧桃花马上娇。
> 醉后彩云千万里，应随月到定香桥。②

有些记忆不需要刻意去想起，若是足够刻骨铭心，自然会时时浮现。无论其中的美好和遗憾谁更胜一筹，都化作温暖的暗流，让人暂时忘记清醒时挥之不去的烦恼。

她还在吗？是否还穿着那身红衣，在山间纵声歌唱，还是已经香消玉殒，世上再无人为她写下一首词、一首曲？

①陈洪绶《行书赠妓董飞仙诗一首》。
②陈洪绶《梦故妓董香绡》。

三十六岁时，在外徘徊许久的他于正月里着急启程南返，唯恐错过春日桃花盛开的江南——没有见到她。

五十二岁时，他历经一番生死劫难后，重回此处。多年不见，人事变幻尚属意料之中，但湖边原本郁郁葱葱的垂柳竟也在战乱中被砍伐殆尽，令人更添伤感。

还是没有见到她。二十三岁那年的邂逅，除了出现在画师的梦里，他们再也没有见过面了。

夕阳西下，孤山寺里却没有了钟声。眼前尽是残垣断柳，以及褪去垂柳遮掩的裸露湖山，画师有种恍如隔世的错觉。

　　汉家宫阙映斜阳。断送九回肠。千秋霜草，半轩落日，几堵颓墙。　　有人劝我三杯酒，明日又商量。人生不过，题诗纨扇，系马垂杨。[①]

临去前，生前种种如走马观花般浮现在眼前，他耳边又响起了仙子与他说的第一句话：

"公子，我想求一幅荷。"

仙子的双眼如一泓清泉，望向画师。

梦境忽然飞旋起来，院前的大门变成了湖边的寺门，董飞仙火红的飞绫化为了水绿的长裙，张扬明媚的面庞褪下，露出青棠秀雅的面容，她微启朱唇：

"这荷有十六瓣，有十四颗莲心，色如胭脂。临安城里是不是也有这样的荷呢？"

①陈洪绶《眼儿媚》。

〔宋〕佚名《荷花图》

吴炳从梦中惊醒，他慌忙看向野塘中的荷。

荷开了。

它再一次醒了。它打开花苞，不再是前两天欲说还休的模样，花色从大红褪成绯红。所有的花瓣迎着初阳全部打开，这是红衣褪尽、芳心尽展的一瞬。

十四瓣、十五瓣、十六瓣……十二颗、十三颗、十四颗……画师细细描着，用朱丹作瓣，用花青作叶，他要为青栾画出独一无二的那枝荷。

　　眼下，这朵荷已跃然于纸面，独立于众花之间，尽情绽放。

　　这是南宋绍兴二年（1132）临安的野荷塘里，一朵荷开到第三天的样子。

　　这枝荷被永恒定格在后世的时光里，成为一枝千年亭立的出水芙蓉。

　　一朵芙蕖，开过尚盈盈。

## 在荷处

### ◎流淌着酒香的赏荷地——曲院风荷

曲院风荷现位于西湖西侧，岳庙对面。关于它名字的由来，明代田汝成的《西湖游览志》解释说："曲院，宋时取金沙涧之水造曲，以酿官酒。其地多荷花，世称'曲院风荷'是也。"夏日清风徐来，荷香与酒香四下飘逸，游人身心俱爽，不饮亦醉。南宋画家马远等品题"西湖十景"时，把这里也列为十景之一。后来院颓塘堙，其景遂废。清朝康熙皇帝南巡杭州，题写"西湖十景"景名时，就把这个久废的旧景移至苏堤的跨虹桥畔，亲书"曲院风荷"四字，立碑建亭。

### ◎眺望全湖荷景最好的地段——压堤桥

压堤桥是一座半圆石拱桥，位于苏堤之上，是眺望全湖的最佳处之一，故名"压堤"。旧时去灵隐天竺，舟行必取道于此，桥旁曾经有石台灯笼以照夜船行走，桥边湖中以前还产西湖莼菜。明代高濂在《四时幽赏录·压堤桥夜宿》里写道："桥据湖中，下种红白莲花，方广数亩，夏日清芬，隐隐袭人。霞标云彩，弄雨敲风，芳华与四围山色交映，携舟卷席，相与枕藉乎舟中。"

### ◎精妙设计的皇家池荷地——聚景园

聚景园为南宋皇家园林，在西湖边清波门外，又名西园。内有会芳殿、瀛春堂、揽远堂、芳华亭等近二十座殿堂亭榭，亭宇上有宋孝宗御书匾额，"西湖十景"之一"柳浪闻莺"就在此处。作为宋孝宗最爱逛的园子，聚景园里人工种植了许多荷花，《南宋古迹考》里说此处盛夏时节荷花成片开放，美不胜收。

## ◎文人墨客往来游赏的私家园林——桂隐林泉

张镃是南宋政坛、文坛上都有重大影响的人物，他出身贵胄，家资丰厚，祖父是循王张俊。张镃无意功名，热爱写词著书和园林营造，以十四年之功筑造完成了一座豪华精美的园林——桂隐林泉，被誉为"在钱塘最胜"，与贾似道第后乐园、韩侂胄府南园并称。当时，陆游、范成大、辛弃疾、杨万里、方回等都曾到他的园子里游赏。《武林旧事》里有记录，在"桂隐林泉"这个大园子里，跟着时节赏花，春天欣赏萌发的新荷，盛夏可以看盛开的荷花。

第七章

看，当时的月亮

月浸寒泉凝不流，棹歌何处泛归舟。

白蘋红蓼西风里，一色湖光万顷秋。

——〔南宋〕孙锐《四景图·平湖秋月》

## 一、月空明，何逊朝花绰约

酉时将尽，日光已淡，窗外的蝉声却还未断，在山间此起彼伏。

张岱将笔搁在案前，拿起刚写完的文稿仔细看了看，微微摇头，又低笑了几声，然后提笔在文末写下"岁辛亥七月既望，古剑蝶庵老人张岱题"，便潇洒地一挥衣袖，出门寻月去了。

这一天，是康熙十年（1671）的七月十五，张岱七十五岁。前半生美好的回忆都收拢在了案上那摞厚厚的手稿之中。六桥烟柳的情丝，风流前辈的咏诵，还有昔日吟风弄月、徜徉山水的岁月，在阔别二十八年后，凝聚成了一本书——《西湖梦寻》。

"雪巘古梅，何逊烟堤高柳；夜月空明，何逊朝花绰约；雨色涳濛，何逊晴光滟潋。"[1]张岱对西湖是那样喜爱，他喜欢的，不在春夏，而在秋冬，不在晴日，而在雨雪，不在花朝，而在月夕。

①语出《西湖梦寻·明圣二湖》。

150

单说这月吧，就有好多妙趣。

小时候，他喜欢在自家的天镜园中赏月，那里有一间浴凫堂，院内满是高高的槐树，还有成片的竹林，旁边有一泓湖水。夜里他坐在浴凫堂里读书，推开窗户，月亮就高挂在天穹，月光洒满了幽静的园林，映得水木明亮、摇曳多姿，在他看来，连同书卷上所有的文字都有了绮色。

再大些，他到绍兴城内的庞公池附近读书。他会在池中留一叶小舟，兴致一来便可外出。池水入溪流，纵横交错，穿越城镇，旁有屋舍巷弄。无论月圆月缺，不论什么时辰，他总会招舟人、戏子载他盘旋水道游览一番。别人在船尾唱曲，他就卧在船头，时而看书、时而望天，困了就在曲声中呼呼睡去，用他的话说，叫"一枕黑甜"[1]，醒来已经"不晓世间何物谓之忧愁"。

他也没忘记，有一年，在天瓦庵，午饭后三个朋友来找他，约着一起攀登绍兴郊外的炉峰，欣赏落日的景象。但其中一个朋友说，看落日倒不如看月色，于是张岱就和他们一起等待入夜。他们进了山，一起盘腿坐在山间的一块大石上，这一天，月亮正圆，山中的草木都似孕生出奇异的光怪，静悄悄，慌兮兮。月是一样的月，心境却是各自不同。

还有一次是八月十六，是动静最大的一次。他从镇江前往兖州，晚上二更时分，乘舟抵达金山寺。整座寺庙极为静谧，从叶隙里漏下的月光，"疏疏如残雪"[2]，这样的意境，张岱不想吟诗，不想喝酒，却心血来潮想听戏了。于是他便招呼仆人们点起灯火，拿起各种家伙什，吹吹打打唱起戏来。和尚们受到惊扰，纷纷起来观看，嘿，发现居然唱得还不错。一位年长的和尚边看边打呵

①语出张岱《陶庵梦忆·庞公池》。
②语出《陶庵梦忆·金山夜戏》。

西湖飞羽

欠，不断用手擦眼角，但又看得哈哈大笑，不舍得去睡。
就这样，天光放亮，他们一行兴尽，收拾东西，解缆而去，
只剩下依然迷糊的和尚们，在岸边呆呆目送他们，估计
在怀疑这一晚上是不是遇到了什么狐仙鬼怪。想起这段
过往，张岱总是一脸得意。

但更多时候，他只是徘徊在西湖边，水尾山头，看
遍了这里的月色。

天启甲子年（1624），张岱为参加乡试，便与同学
赵介臣、陈洪绶、颜叙伯、卓珂月及自己的弟弟张平之
住在西湖边上的岣嵝山房，关闭门户读书七个月。岣嵝
山房在灵隐附近，靠山，靠溪，也靠近韬光路，山中树
林茂盛，绿意浓郁，又因为建在山间，跨涧越溪，所以
山房的小路上建有许多小桥，野趣盎然。岣嵝山房的伙

食也不错，山民们经常到这里贩卖瓜果鸡鸭，山中所产的鞭笋和栗子也极佳，张岱尤其对那些栗子赞不绝口，称其"色如蜜珀，香若莲房"①。种种美味中只缺少鲜鱼，但涧中有水，不远处的西湖中便有鱼，于是他们就在涧溪中围出一块水面，买来几十条活鱼放养其中，随时取来烹食，鲜美无比。六个人在这待了大半年，从冬末到秋初，每天满眼草木，满耳溪鸣，读书闲谈，惬意得很。

那段日子，张岱几乎每天下午都会到附近的冷泉亭走走。冷泉亭就在灵隐寺山门的左方，整座亭子面对着峭壁，那里有一泓深泉，能听到清冽的水声。夏夜的蝉，初秋的风，荡过瓦檐，穿过山林，和着山涧淙淙的流水，就像轻吟的乐声萦绕耳旁。等到月上林梢，枕着石头听流泉，闲卧着品花香，这样的山居生活是多么地雅致舒

① 语出《西湖梦寻·冷泉亭》。

服啊!

在他之前,已有许多前辈念着这里的妙。比如,被他视为偶像的白居易,在唐代已是"在郡六百日,入山十二回"①。白居易还专门写了篇《冷泉亭记》,说这里远离尘嚣、亲近自然,日常的生活与山中的美景简直是完美融合:坐在山房的床上就可以把双脚浸泡到清澈的溪水之中,歪倒在枕上就可以抛钩垂钓,种种便利,种种自在,难以描摹。

后来苏轼也体会到了这一点,他在杭州任职的时候,曾经为了天旱少雨而到灵隐寺祈雨。在寺中住过一夜之后,便用一首诗描述了那晚的月:"床下雪霜侵户月,枕中琴筑落阶泉。崎岖世味尝应遍,寂寞山栖老渐便。"②

可不是嘛。张岱说:你看,春有花草的芬芳,夏有泉上的凉风,秋有月下的禅意,水流舒缓明澈而又清凉纯净,怪不得《冷泉亭记》里会说,无论是俗人还是出家人,看见冷泉亭水,不必去洗涤,就将眼、耳、心、舌的尘垢清除掉了,这里暗地里给人们的好处真真是说不完。

好地方怎能不让人惦念?有条件的人甚至会在此建造自己的山房,张岱他们读书居住的岣嵝山房便是其中最有名的。

岣嵝山房到底是谁建的,张岱和他的曾祖父张元忭的笔下所述有些差别。张元忭记的是李元昭,张岱记的则是李芨。张岱写李芨独自一人住在岣嵝山房之中,吟诗待客,自得其乐。被张岱称为"鬼才绝"的大画家徐渭和李芨是好朋友,来岣嵝山房做过几次客,写过一首《访李岣嵝山人》,把李芨称为"岣嵝诗客"。这一对好友

①语出白居易《留题天竺灵隐两寺》。
②语出苏轼《立秋日祷雨宿灵隐寺同周徐二令》。

流连西湖上的好景致，常是"十里荷花两桨人"，在山房中的畅谈更是惬意自在："岣嵝诗客学全真，半日深山说鬼神。送到涧声无响处，归来明月满前津。"

李芨后来活到了八十多岁，这山间的月和山房，成了他这一生的归宿。

## 二、孤山一曲长相思

山也不总是清冷的，有人看得"山影倒沉波底月，夜阑相对泻寒光"[①]，也有人听出"流出西湖载歌舞，回头不似在山时"[②]。冷泉最终流向西湖的歌舞升平，泉声潺潺，倒更像是为那般好景奏起的序曲。

年轻的张岱喜欢热闹，在他的眼里，住在西湖边的人，没有人是不会歌舞的，就连山峰流水也有歌舞的风韵，无论是女子还是村妇，无论是富家子弟还是山里僧人，都难免被歌舞所熏染。若要找他，你就等到晚上，去那西湖边，这人多半会下榻在湖船之上，和着乐声，赏月品饮。

晚风习习，画舫往来如织，河岸的灯笼依次亮起，他看着歌妓们鬓髻缓倾，软语轻唱，箫乐鼓声蜿蜒在湖面之上，"士女凭栏轰笑，声光凌乱，耳目不能自主"[③]，一直要到夜深，火灭灯残，才"星星自散"。

他泡得一手好茶，浴罢会坐在船帘纱幔之后煮水烹茶。这茶用的是故乡的"兰雪茶"，这水是取自斑竹庵中的禊泉之水。他说，泉水要放置三夜，等石腥味散去后才宜煮沸泡茶。热气里茶叶舒展，淡淡的茉莉香气在月下缱绻，也不知外面何舟荡桨，只听见微微的水波声，渐行渐远。

①语出曹既明《冷泉亭》。
②语出林穑《冷泉亭》。
③语出《陶庵梦忆·秦淮河房》。

三潭印月

　　他常常会想着一位叫王月生的美貌歌妓，长得楚楚可人、清丽脱俗，有一种高不可攀的清冷，他将那满满的一湖月色都写尽了，也没有得到佳人倾心的一语。船边的岁月，只见如花如柳的青春笑靥来了又去、去了又来，只留下淡淡的惆怅和不变的月亮。

　　在哪种角度品哪种月，张岱自有讲究。

　　他说三潭印月：

　　　　　　湖气冷如冰，月光淡于雪。
　　　　　　肯弃与三潭，杭人不看月。

　　他说平湖秋月：

　　　　　　秋空见皓月，冷气入林皋。
　　　　　　静听孤飞雁，声轻天正高。

　　他还给断桥残雪作了个特有创意的解读："树皆合

抱，行其下者，枝叶扶苏，漏下月光，碎如残雪。"[1]非是雪掩了桥，而是那倾泄的月光模糊了边界。

那时，人们常在孤山脚下的望湖亭看月。那里湖面平阔，秋夜明月悬挂夜空，又映入湖面，真真好看。因此，望湖亭上常有诗友聚集，饮酒赏月，赋诗作画。但张岱认为那太普通，要行上孤山，才得最佳景致。

孤山上，有林逋的月。张岱听过关于他的很多故事，不惑之年的林逋，满身风雨，厌走四方，终辗转至杭州，来到了西湖，在孤山结庐数间，耕种、植梅、养鹤，孤身不娶，生活清简怡然。袁宏道就说：孤山处士，妻梅子鹤，是世间第一种便宜人。这便宜人是指省心无闲事的人，世间的麻烦事全在人际关系当中，独自一人、不与人往，自然便清静了。若没有不趋荣利之心，安于淡泊宁静，如何做得了便宜人？

孤山的梅树有近千株，林逋栽下了其中的三百六十株，一株独在屋前。一句"疏影横斜水清浅，暗香浮动月黄昏"，让人不禁对梅林有了缠绵的想象。张岱寻着五百多年前的古人，走他山间的路，忆他林下的诗，总觉得这隐逸之人是不是还有些心事未竟。世人常赞林逋的《山园小梅》，却很少有人提起他还写有一首《长相思》。张岱记得，南宋灭亡之后，有盗墓贼挖开了林逋的坟墓，但墓中并无长物，陪葬的竟然只有端砚一方和玉簪一支。这方端砚是林逋生前自用之物，玉簪不言，往事不知。

一首长相思词，一枝屋前孤梅，一支墓中玉簪……背后的故事，林逋不说，史书未记，如今再也没人知道了。梅花枝条嶙峋，稀疏的影子横斜在水面，愈发映衬得西湖清浅，若有若无的香气似在空气中浮动，好像不忍辜负这黄昏的月光。此时此刻，大抵若张岱《补孤山种梅叙》中的一句："今乃人去山空，依然水流花放。"

## 三、又见七月半

人去山空的还有一座山，张岱想，石林峭立，早没有了水流花放，看月却算一有趣之处。是了，那是凤凰山，曾经的南宋御苑已不复存在，月岩却留下了。

月岩真是个非常好听的名字。这其实是一大片玲珑的石林，挺拔俊秀，岩峰簇拥。其中一块岩石拔地而起，高六七米，在岩石顶端有一个通透的天然孔窍，被人们称为月窦。跟张岱一样爱游山赏水的田汝成，就体验过月窦的玩法：每到月圆时，月光就会从岩石顶部的月窦穿出，投射在岩石前的桂月池中，"月循窦中入，地下玉镜旋"①，天上地下，两个月亮，相映成双。另一位爱游玩的高濂也来过，说这里"中秋月满，与隙相射，自窦中望之，光如合璧"②。

通往月岩的乱石泥路几近荒芜，却抵不住人们在这里探秘、觞咏。互怀好感的男女也许曾到这里祈个好愿，心有故乡的浪客也许在这里饮酒对月，四处历游的诗人也有许多在此留下诗作崖刻。探谁的秘，觞谁的咏，已不重要了，只要明月还是那明月，就足够了。

是啊，无论过了多少年，月还是那月，不因人散而缺，也不因人聚而圆，不因年少而晴，不因年衰而阴。只是，因为念想，月才有了情绪。

此刻，远远传来了寺院的钟声，一声，二声，三声，低沉而悠远。又是七月十五了，二十八岁的张岱对七十五岁的张岱说，不知西湖的灯是不是还像曾经那样，

①语出沈捷《赏月》。
②语出《四时幽赏录·胜果寺月岩望月》。

映红了整个湖面。

七十五岁的张岱，想了想，说，也许吧。

街市井巷也许依旧灯火不灭、乐声不绝，人们来来往往，追赶奔忙，拉不开，牵不住。满城的男男女女，老老少少，带着灯笼和火把，簇拥着涌向湖边。

以往如怨似愁躲着月亮的人们，正坐在船中，趴在岸边，将蚌壳做成的灯盏点燃，罩在轻巧的荷花笼里，再小心地把灯放在湖面上。一盏、两盏……十盏、百盏……数不清的灯漂荡在水面上，就像火里的莲花，开放在水中，与空中的星星连成了一片，波光粼粼，满满当当。当光亮渐渐远去，岸上的人群也慢慢散开，自己的灯会漂向哪里，跳动的橘色火焰将何时熄灭，没有谁清楚，只愿能漂得远一点，亮得久一些，对故人的念想能停留得更久一些。

岸上锣鼓喧天，轿夫高举火把，在岸上列队等候。一船船荡开，又一船船回岸，热闹的景象，在亥时之前都不会停歇。大船擦着小船，人声和着鼓声、乐声，人们既听不到别人的说话声，又无法让别人听到自己说话的声音，水天混沌一体，只看到船篙与船篙相撞，船与船相碰，肩膀与肩膀相摩擦，脸和脸相对，却什么都看不清。

张岱看见年轻的自己，混杂其间，饶有兴致地看着岸上的人群。

"名为看月而实不见月者。"看，是那峨冠盛装的达官贵人来了，坐在有楼饰的游船上，吹箫击鼓，穿着漂亮整齐的衣服，优伶、仆从相随，乐声与灯火相错杂，名为看月，实际上心思并不在此。

"身在月下而实不看月者。"这是名媛闺秀们，带着仆童，环坐在大船前的露台上，左盼右顾，正在寻觅合眼人呢。

"看月而欲人看其看月者。"这是浅斟低唱的名妓闲僧，慢慢喝酒，曼声歌唱。箫笛、琴瑟之乐轻柔细缓，箫管伴着歌声齐发，他们看着月，也希望别人在关注着他们。

"月亦看，看月者亦看，不看月者亦看，而实无心一看者。"好家伙，一群不衫不帻、吆五喝六的闲汉，不坐船不乘车，不穿长衫也不戴头巾，喝足了酒吃饱了饭，叫上三五个人，成群结队地挤入人丛，在昭庆寺、断桥一带高声乱嚷凑着热闹。

"看月而人不见其看月之态，亦不作意看月者。"还有一类，乘着小船，船上挂着细而薄的帏幔，茶几洁净，茶炉温热，约了好友一起去赏月。有的隐藏在树荫之下，有的去里湖逃避喧闹，尽管在看月，人们却看不到他们看月的样子，他们自己也不刻意看月，这样的人，倒是挺符合自己心意的。

这般热闹到了亥时后就散得差不多了，而这个时候，会玩的张岱才开始出动。

他叫小船在断桥靠岸，找块已消暑的大石头，三五好友席地而坐，煮茶清谈。也要到这个时候，真正的圆月才开始清晰明亮，清月下的西湖群山若隐若现，人去闹尽的西湖在明月照耀下波光荡漾。

平湖秋月

　　"韵友来，名妓至，杯箸安，竹肉发"，直到"东方将白，客方散去，吾辈纵舟，酣睡于十里荷花之中，香气拍人，清梦甚惬"①。

　　等到这帮朋友离去，张岱便将船划到荷叶深处纵舟酣睡于荷花之中，一枕黑甜梦。此时，留在梦中的，是酒是景还是人，早已经说不清楚了。

　　只有月色平静，柔柔流泻如泉水。它拂过苏轼的衣袖、林逋的梅、徐渭的酒杯，照着古人，也照着张岱，皎洁如玉石，朦胧如轻雾。

①以上语出《西湖梦寻·西湖七月半》

161

七十五岁的张岱曾在梦中一遍遍地于此地重游。

西湖的水流过明月夜，西湖的影挂在天边。

有山、有水，有花、有月，有歌、有舞，有声、有色。

这一切，仍正好。

望明月

## ◎三潭印月

"西湖十景"之一，被誉为"西湖第一胜境"。岸上金桂婆娑、柳绿花明，与雕栏画栋的建筑相映成趣，具有湖中有岛、岛中有湖、园中有园、曲回多变、步移景新的江南水上庭园的艺术特色。人民币一元纸币的背面采用的就是三潭印月的景观。

## ◎平湖秋月

"西湖十景"之一。每当清秋气爽，西湖湖面平静如镜，皓洁的秋月当空，月光与湖水交相辉映，颇有"一色湖光万顷秋"之感，故题名"平湖秋月"。

## ◎山阁览辉

在吴山城隍阁里赏月，在月光下平湖秋月、三潭印月都清晰可见。因为地势高，这里视线不会有阻碍，只有你和一轮圆月，干净纯粹，会有一种"江湖两面共明月，楼阁半空横断烟"的感觉。

## ◎孤山玩月

孤山是西湖中最大的岛屿，是文物胜迹荟萃之地。走在山间小径，颇有林泉之感，主要景点有放鹤亭、林和靖墓、西泠印社、玛瑙坡、文澜阁、清行宫遗址、敬一书院、秋瑾墓、俞楼、林社、六一泉等。

◎月岩探月

位于凤凰山圣果寺遗址附近，青翠的丛林中有一片玲珑奇巧的灰白色石灰岩石林——月岩。石壁削立，有孔隙如镜，中秋明月当空，月光穿过孔隙，清辉满隙，确为奇观。岩下有一池清水，岩上有一圆形小孔。

◎九溪烟树

"花间一壶酒，独酌无相亲。举杯邀明月，对影成三人。"这里刚好是杭州第一处看见月亮的地方，赶在日落时分来到这里，静静等待，你就能看见月亮慢慢升起的美景了。山泉叮咚，飞瀑迷离，初升的圆月，迷幻的水雾，仿佛人间仙境一般。

——

第八章

天凉好个秋

长忆西湖，尽日凭阑楼上望。三三两两钓鱼舟，
岛屿正清秋。　笛声依约芦花里，白鸟成行忽惊起。
别来闲整钓鱼竿，思入水云寒。
　　　　　——〔宋〕潘阆《酒泉子（长忆西湖）》

年幼的瑞国公主，收到父亲宋理宗的一份礼物。

那是一幅画。画上有四只燕子，几抹红霞，数座山
峰，山峰之下，是难以分辨的湖水和云雾，一片苍茫。

父亲专门题了字，"山含秋色近，燕渡夕阳迟"，
送给瑞国公主。

这是宫廷画师马麟的《夕阳秋色图》。看到这幅画
时，宋理宗赵昀将一切朝中繁杂都置于脑后，流连画中
的苍茫山水、江南秋色。在几只燕子嬉戏的场景里，他
忽然想起了活泼可爱的瑞国公主。在膝下无子的岁月里，
这位掌上明珠得到了宋理宗的万般宠爱。

画上的两句，原是刘长卿《陪王明府泛舟》的"山
含秋色近，鸟度夕阳迟"，宋理宗化改了两字，"鸟"换
成了"燕"，"度"改成了"渡"，其意不言自明。处
于画面底层而在水色之上的四只燕子，各展形态，或掠
水，或昂首，或稍收翅膀，俯视水中嗫喋的游鱼，或振
翮停顿，流连水中泛金的夕阳。燕子们代表了皇城里的
一家人——宋理宗、皇后谢氏、瑞国公主和养子赵禥，

理宗将一家幸福吉祥的祝福都送给了公主。

秋景、夕阳，本是萧瑟荒凉的意象，在这里却温馨得令人难忘。不知道瑞国公主是否能读懂父亲的深意，但这一定是她收到的最普通，却最特别的礼物。

## 一、秋山不冷

云天收夏色，木叶动秋声。

一千多年前的初秋，一位寻道人寻上了山。此时，山中还带有夏日的暑气，他沿着蜿蜒小径一路向上，穿过密林，蹚过溪水，脚下的落叶带着未尽的绿意，手上的蒲草被微风吹得轻轻摇摆，他望着眼前这条深入山谷的路，路的尽头有他要寻之人。终于，他找到了这处驻于密林中的茅舍，屋主人正坐于蒲团之上，鬓须雪白，风骨清癯。寻道人说明来意后，于主人对面落座，一时间山高密林，寂然无声，正是谈禅论道、修身养性的极佳妙境。

寻道人在巨然的画里。巨然，人们称他为巨然和尚，他原本是五代南唐翰林图画院的一名画师，南唐灭亡后，他和后主李煜等一同被赵匡胤带回了汴梁，在开宝寺出家为僧。画家是僧人，这份禅理自然也带进了这幅《秋山问道图》中。后人对巨然的画评价甚高，大书法家米芾就是其中一位，他说"巨然明润郁葱，最有爽气"[1]，看似"平淡"却是"奇绝"。

等到秋意渐浓，山中来往之人便多了起来。《江山秋色图》里就是一片深秋辽阔的山川郊野。画上烟云缠绕着重山，或淡抹天际，或蒸腾弥空，或缭绕山腰，一处处深泽浅潭错杂其间。红白花树这个时节开得正旺，

①语出米芾《画史》。

〔五代〕巨然《秋山问道图》

三三两两的步行者流连于山野之间，有人拾级登高，有人于山顶高楼侃侃而谈，劳累了的过路人则停在松荫下歇息闲聊。山下呢，江中小舟荡漾，艄公正在江上张网摇船，车马行旅的铃铛声从远至近翻山越岭而来。这样一片和谐、悠闲的景象，是赵伯驹心中秋天的样子。

赵伯驹的身份不一般，他是宋太祖的七世孙。自宋室南渡之后，一直流寓于杭州的他多以绘画赏景打发时间，写写画画，小酌独饮，日子过得是悠然自得。后来，一次偶然的机会，赵伯驹因画扇而得到了宋高宗赵构的赏识和召见，从此便频繁入宫为高宗作画。宋高宗将集英殿的屏风交给了他，每画一扇便大加赏赐。集英殿是皇帝策试进士和每年举行春秋大宴的场所，多少意气风发的少年郎和文武百官们跟随赵伯驹的画游走于四季之中，其中，也许就有这《江山秋色图》。

画中景已是如此惬意，住在其中，岂不更是妙哉？

元顺帝至元四年（1338）刚过，王蒙就隐居到了山里，那时，他的外祖父赵孟頫已经过世许久。带着耳濡目染的笔墨心得，他踏着芒鞋，手持竹杖，走进了杭州城郊的黄鹤山里，过起高卧青山望白云的悠然生活。

深山之中，他一待就是十多年，这里宁静慵懒甚至还有些浪漫，有大把的时间看风吹云动，看荻花摇曳。他踏了多次青，吃了许多鱼，划了很多次船，也画了不少画，山居的野趣在画中体现得淋漓尽致。

就像这幅《秋山草堂图》吧。一叶小舟正从岸边驶出，船上的人也不着急着赶路，就静静感受着山水间独我一人的境界。山间林木茂密，红叶绚烂，有几处茅屋草堂掩映其间。王蒙和夫人正住在这里。夫人在纺纱，王蒙就踞坐在屋中悠闲地翻书。他读着读着，有些倦了，眼神飘到屋外的院落。这是一处开阔平整而古朴的院落，周边是茂林的红叶，院墙内外还散落着被秋风扫落的黄叶。在朗朗月夜，他会在院中与夫人抚琴吟唱，这样的趣味非亲身体验不可言也。

远处有渔夫在撒网捕鱼，秋日的鱼肉质肥美，他最是惦记，也经常会来一场说走就走的捕鱼活动。捕鱼归来，山间升起袅袅炊烟，江水、晚风、苍霭、归鸟，这些都是王蒙的画中意趣。

黄鹤山，据南朝梁文学家吴均的《续齐谐记》记载，有仙人子安骑黄鹤到过此山，所以叫作黄鹤山。山的西面有一处留月泉，夜晚会有盈盈明月盛于池水之中，圆润可爱。山的北面有座青龙山，山形似狻猊一般，远望有石龙两条，拥夹这一条山溪，当水从溪口流出时，昼夜如吼。在山顶，有一处泉池，叫渥洼池，据说池出云必雨，所以百姓都称之为龙池。山腰则有一处石洞，名字很仙，叫黄鹤仙洞。山中是否有黄鹤仙居住，人们不知，但黄鹤山樵却是实实在在有的。在这么一块修身养性的宝地，山樵王蒙是不想走了。

这样的山，黄公望也在寻。至正七年（1347）的一个初秋傍晚，他与无用师从松江游历到了富阳，一起潜入了苍茫的富春山。山间林峦蜿蜒，平冈连绵，斜阳下，江面泛着金红，渔舟如叶，轻轻地在山间飘荡。望着这片山岭，他想，要送给无用师的那幅画，就在这了。

那年，他七十八岁，就此在富春江北边的庙山坞住下了，一住就是四年。这四年里，天一亮，他就戴着竹笠，穿着芒鞋出门，沿江走数十里，风雨无阻。遇到好景就停下来画，心随念走，身随缘走，所到之处皆为风景。

他经常一整天都静坐在山林之间，看着山色朝暮变幻。在狂风暴雨到来时，别人都躲在家里，他却去江边，记下那惊涛骇浪。有月亮的夜晚，他会驾一叶扁舟，用绳子系着酒壶，三杯两盏下肚，就像苏轼那样，"纵一苇之所如，凌万顷之茫然"①。农人、渔民觉得这人真是癫狂，但只有他自己知道，这份贴近自然的欢愉。天地虽无心却有大美，虽无声却有大音，在一个渐深的秋日，听得满耳秋声，便知天地之间，人何其渺小，怎可不虚怀若谷，以度此生。

他感慨这处山居的美好，可以品茗，可以钓鱼，有志趣相投的友人来访，等吃饱喝足再去山上，或登高望远，或闲心静坐，或松下抚琴，多么悠哉乐哉。他为自己的住所画了一幅画，题名为《秋山招隐图》。他在画的跋文中说：

> 此富春山之别径也，予向构一堂于其间，每春秋时焚香煮茗，游焉息焉，当晨岚夕照，月户雨窗，或登眺，或凭栏，不知身世在尘寰矣。

画中，蜿蜒的溪流环绕着小桥茅舍，山间流动着一片悠然的秋云。他用蛤粉染出浓浓淡淡的云雾，用点墨描出高高低低的丛山，又着上一点点朱笔，勾勒出林间的红叶，山间的秋色便掠过干瘦的笔尖，在那张空白已久的纸上蔓延开来。这处山水，是"景固四时佳，于秋更勿略。坐纶磻石竿，意岂在鱼跃。行忘溪桥远，奚顾穿草屩。兹癖吾侪久，入来当不约。莫似桃源渔，重寻路即错"。

他记着要给无用师的那幅画，每日背着画卷、带着

① 语出苏轼《前赤壁赋》。

〔明〕项圣谟《剪越江秋图》（局部）

干粮，兴致来了，就在山间挥墨作画。富春江的四面，有十余座山峰，峰峰形状不同；有几百棵树木，棵棵姿态迥异。这个发须尽白的老人为了作画，几乎踏遍了富春江的两岸。

终于，在端午节的前一日，这幅随身携带、装在皮囊里的画作落下了最后一笔。此时，他已八十二岁，画卷上，是富春江畔的初秋，一如初见般，山林有声，流水有痕。这些漫长的江水，和着秋声，或激越，或舒缓，就像人的一生，起伏顺逆，哀伤喜乐，跌宕平复，却又不只是一个人的一生。

被富春山水吸引的，还有项圣谟。明崇祯七年（1634），将近不惑之年的他，与朋友相约外出走走，结果朋友有事，原本计划好的黄山之行就此被打断。去哪里呢？他想，要不就去富春江吧。于是，在满飘桂香的八月，项圣谟带着表弟启程了。他们从杭州出发，沿

着富春江逆流而上，经富阳、桐庐到建德，然后入新安江，到淳安县，转入武强溪，最后到达遂安。这一段路程的美，不知道已被多少诗人感叹过，烟雨、晴晨、晚钟、霁月，全部收纳在了《剪越江秋图》里，直到数百年过去，后世的人们还可以一一找到画中的景致。

这是一幅非常详致的舟行图卷，六和塔、富春山、七里泷、严子陵钓台、伍子胥庙、乌石滩、三江口、梅城……各处名胜古迹，跃然于纸上。每画一处，项圣谟都会写下当时的感想，生动有趣。

穿过了峡口，他记录道：山间的天色变化极快，傍晚的余晖还没欣赏够，天一下就黑了，但是你能看到夜空中浩渺璀璨的星河倒影在江面之上，小船悠悠，划过一片星光。

眺览四表，白云特立，状若奇峰，杳杳冥冥，夕阳相映。少顷变黑，布满山背，岗峦缺处，微露明霞，秋月出云，市烟横岫，晚潮潜至，急雨生风，远岸灯明，星河渐迥，无限诗情，描写未尽，徒有怅望。

在微雨有薄雾的清晨，他说看山最好，那些色彩如梦似幻，宛如仙境。

微雨复霁，风急悬帆，山云万状，江水苍茫，颇有寒色。回望夜泊处，日照晓炊，沙晴水白，独一峰顶，岚气不绝。少焉山容多改，影出雾中。语未毕，雨至舟矣，篷不及盖，雨且止矣。须臾众山皆黑，独朱桥一簇峰峦，明绿变现，此从来画史所未能梦见者。

但雨太大就有点吓人了，像撼动天地的钱塘江潮，令人畏惧。

抵汤家埠宿，复大雨，乡梦正熟，忽闻轰轰之声，撼动天地，雷耶？潮耶？已闻呼号四起，飓风大作，冰雹疾飞，波涛腾沸，余舟不进，几入飘流。

像这样的题记，整幅画数来有十六处，还有长短诗二十二首。情与景，诗与画，搭配相宜，让人看得是津津有味。他的好友李日华嘟囔道："我就不该看，一看就上头。"只能像米芾那样，用跳水相逼来试试看，能不能得到这幅画了。

不知道这位李兄有没有拿到这幅《剪越秋山图》。画师们也不会想到，他们绘下这些山山水水，后续又会有怎样一个传奇故事。他们游走于尘世与山林，内心深处，既懂得山林的那份恬淡，又心怀着尘世里的欢愉，全身心享受着凡尘世界里那一缕娴静的人间烟火，山声、水声、云声、人声，都被仔仔细细收进了画，画中，秋山不仙，不冷，也不独。

## 二、是谁多事种芭蕉

雨打芭蕉夜，坐窗听雨眠。

往事流转在蒋坦[①]的脑海里。

他人生当中的许多重要事，似乎都与秋有关。

他出生在秋日，成婚在秋日，心爱的人也绕不开一个"秋"字。她的名字，叫秋芙。

蒋坦清楚记得，新婚的那晚，屋外秋月如镜，蟋蟀轻声鸣叫，风从窗隙间溜进来，吹动着秋芙头上偏垂在耳旁的发丝和身上红色的纱衣，在花烛摇曳的灯影下，两人初见。

秋芙姓关，蒋家与关家同是书香门第，还是旧故表亲，秋芙应叫蒋坦一声姨表兄。平日里，两家就多有走动。五岁那年元月，小秋芙来蒋家拜年，杭州城里爆竹连连，家家户户都挂起了火红灯笼，蒋坦家里早早摆上了各色果盒，堂内堂外也精心布置了一番，迎着人来人往。

看到秋芙来，蒋坦自是十分兴奋，他飞也似的来到堂前，不管大人间俗套的寒暄，拉着秋芙，跟她说起玩耍的一些趣事。家宴上，娇嫩嫩的两个小人儿乖巧地坐在一起，一个穿着葵绿色的衣裙，一个穿着银红色的乡袍，肩并着肩，头齐着头，来往宾客都满面笑意地看着两人。有人对蒋坦的父亲说道："你看，这可不是天生的一对

① 蒋坦（1821—1861），清代秀才。

佳人嘛。"

又过了几个月，春意渐浓，园里牡丹盛开，蒋坦父母邀请亲朋好友在牡丹花下设宴，赏花饮酒。秋芙也随着父亲来了，小女孩到底文静些，蒋坦有心要与她戏耍，总也找不到机会。宴席终于散了，秋芙拿出一方精巧的手帕，把宴席上的果脯收起来，藏到手帕里，他终于找到机会去跟她玩笑了，便去夺她手帕里的果脯。

秋芙生气地娇声道："我要拿回去，不给你吃。"蒋坦见她要走了，急得小脸鼓鼓，忙指了指腰带，奶凶奶凶地说："你，你要走的话，我就用这个把你绑起来，看你还回得去么？"小秋芙被这蛮横态度吓坏了，见奶妈过来，连忙躲到奶妈的怀里呜咽大哭。

席间众人还未散去，见这一双小儿女的情态，莫不相顾大笑，觉得甚是天真可爱，又回想起大年初一之夜，两人般配的模样。双方父母当即便请人做媒，在宴席上为他们订了婚。

于是，宴席重开，举杯庆祝，他的一生，她的一生，在清道光七年（1827）暮春的牡丹花下，缔结成了百年的偕守。

多年后的秋天，秋芙披上了嫁衣，成了蒋坦的新娘。两人一边回忆，一边联诗，直到窗外檐上月亮已昏暗西斜，邻家的钟声缓缓敲响，丫鬟在门外悄声催促秋芙要梳妆了，他们才搁笔起床。

婚后的生活自然是甜蜜融洽的。秋芙极美，穿着他做的画满梅花的衣裙，恍如仙女下凡般惊艳；她诗才极好，写下的诗句里满是才华，让他不禁惊讶"书到今生读已迟"。她有时候也像个调皮的孩子，眼看着下棋快输了，就赶紧把怀里的小狗放出来，让它把棋局打乱。

秋芙爱种芭蕉，家中所种的芭蕉已叶大成荫。秋日雨多，总滴滴答答打在芭蕉叶上，扰得人是书看不进，觉也睡不着。蒋坦听得心烦，就在芭蕉叶上戏题了几句："是谁多事种芭蕉，早也潇潇，晚也潇潇。"到了第二天，只见芭蕉叶上又续了几行："是君心绪太无聊，种了芭蕉，又怨芭蕉。"[①]字体柔媚，正是秋芙的戏笔。

天高气爽的秋日，月色怡人，他们常会到湖上赏夜。有时候蒋坦外出，秋芙想去游湖，就会在桌上留下几块瓜皮。他回来看见瓜皮，就知道秋芙定是去了西湖。

他也乘一艘小船，去追寻她的踪迹。她在哪里，他了然于心，果然，在苏堤边的湖面上，他找到她了。两叶小小的扁舟往荷花丛中荡去。微凉的夜晚，月色如洗，蒋坦为她披上衣裳，静静地听她弹琴。此时，山峦被烟雾笼罩着，星星月亮映在水中，秋芙指下的琴乐清脆，风从湖面吹来，从耳边穿过，一时"玎玑杂鸣，不知天风声环佩声也"[②]。

他们也经常去山中赏桂，满陇的桂花杭人最喜，每逢秋季，花香便如酒蒸般，弥漫在山间。

明人汤显祖曾留下一句"一生痴绝处，无梦到徽州"[③]，秋芙觉得，汤显祖若是曾在秋日来过此地，或许会将他的这句千古绝唱改成"一生痴绝处，长居在满陇"也说不定。

①②语出蒋坦《秋灯琐忆》。
③语出汤显祖《游黄山白岳不果》。

满陇有寺，始建时叫圆兴院，到了北宋，改作满觉院，意指圆满的觉悟。最初在此处建寺院的僧人是多有远见

满陇桂雨

啊，把寺建在了西湖边最温柔的山麓里。春鸟声鸣啾啾，秋虫戚戚嘶鸣，听惯了山麓之声的耳朵能分辨出幽微的时节变换。尤其是处暑过后，风已无几丝暖意，而莲花仍在，烟薄，云也淡，飒飒秋风并细雨，让满山的桂落英缤纷，细细碎碎的沙沙声，轻柔充盈了整座山谷。

早在唐朝，从外乡而来的白居易，嗅过满城桂花熏香后填词一阕，成就了后世诸多人对江南的流连幻想。宋人柳永，只不过写了一句"三秋桂子，十里荷花"而已，却引得金主完颜亮心生艳羡，顿起发兵南宋之志。明朝，闲散的高濂悠悠地踱步于此，在金粟下，他品着龙井泉水煮的茶和山僧赠予的山野时蔬，觉得五脏六腑都流淌着芳气。这般不躁不急坐着，待天光慢慢流尽，一天就过去了，隔天隔月也如此，如同身在神仙窟。

那山麓里的农人在做些什么呢？等一场"桂雨"。老妪孩童铺纸于地下，等飒飒秋风吹起，熟透的桂花便落到纸上，收拾起来，制茶、制酒、制清露。酿酒簿里记录了好几种桂花酒的制法：可以隔酒熏香，让香气自上透下；可以泡酒，每斗酒泡以鲜桂花三斤；或用酒醅法，在熟酒醅中拌入桂花；或者就是神仙酒法，在酿酒的原料中加入三钱桂花。人们须得趁风雨未侵之时，把桂香封印在一坛坛甘甜的米酒之中，才能满足地度过杭州的秋日。鱼蟹肥美，倒上一盏桂花酒，那滋味，美绝。

相比人多的满陇，蒋坦和秋芙更喜欢到更幽静些的虎跑泉边上赏桂。泉边有好几棵桂树，偃伏在石头上，满树的小黄花细细碎碎地开着，花香怡人。夫妇俩在花下沏茶，浅浅的茶盏里，飘落了几粒小小的鲜桂，两人也不拂去，任这美丽的浮萍在清茶中漂荡。秋芙折了一小枝桂花插在鬓间，额上的头发却被树枝拂乱了。蒋坦嘴上笑她，手上却是蘸了泉水为她抹平被拂乱的发丝。等品好了茶，只见两人也学着那卖花郎，将桂枝折下系在背上，带着这新秋的味道回城去了。

山路蜿蜒，因两人笑语而漾起的花信风悠悠地飘荡在林间。蒋坦想，倘若花神有灵，应是也会忆起那时在树下看花的他俩吧。

前尘往事历历在目，雨打芭蕉声中，那些夫妻的点点滴滴在蒋坦的《秋灯琐忆》里收存着。在回忆的深处，有他最深情的告白：

> 数年而后，当与秋芙结庐华坞河渚间，夕梵晨钟，忏除慧业。花开之日，当并见弥陀，听无生之法。即或再堕人天，亦愿世世永为夫妇。明日为如来般涅槃日，当持此誓，证明佛前。

这是蒋坦向佛祖祈愿的诉语。岁月长，衣裳薄，唯有思念挂心头，雨打芭蕉，多少秋声，不过是借此叹一声：人间事事总关情。

## 三、花时如雪

溪边的芦花开了。

当芦花开时，人们不是去看，而是去听。

听什么呢？

听风过芦苇。听白鹭展翅。

听有人长吟，"蒹葭苍苍，白露为霜"。两千多年前的古秦国，生长了茫茫一片芦苇荡，一人徘徊往复，神魂颠倒，焦急地寻求水对岸的伊人，那场景唯美不已，流芳千古。

蒹是没长穗的芦苇，葭是初生的芦苇。那时候它们还小，还没有开花。后来开了花，"惯送往来舟，风生瑟瑟秋。傍荒滩、影共江流"，众人看它"最是情多头易白，担尽了、别离愁"[1]。

西溪也有大片的芦苇，当秋渐深时，碧云天，黄叶地，大片芦花开成了一片雪色，有人凭阑楼上望。

是那个一生逍遥的潘阆。

笛声依约芦花里，白鸟成行忽惊起。别来闲整钓鱼竿，思入水云寒。[2]

①语出袁嘉《唐多令（惯送往来舟）》。
②语出潘阆《酒泉子（长忆西湖）》。

西溪芦花

芦花荡里传来悠扬的笛声，细腻婉转，却惊起了栖息的白鹭。只见一行白鹭扶摇而上，向天边飞去，不知是笛声惊醒了白鹭，还是白鹭见日色黄昏，思家急切。它们每日往返，在这西湖山水里静度余生，世人则为过客，待明日相去千里，归来已成无期。词人闲来整修他的鱼竿，不禁想起群芳过后的西湖，山色空蒙，水流花色，他还是那个垂钓的老者，蓑衣斗笠，蒙蒙细雨，独钓寒江。

有人独自乘着小舟划至芦花荡，躺在船舱里，听着芦苇的声音。

风来了，吹过芦苇荡，回荡着萧瑟苍茫的声音。"或雁落哑哑，或鹭飞濯濯，风逢逢而雨沥沥"①，高濂想，能在这里当个渔夫也是极好的。江南水乡多有渔户，捕鱼间隙常常靠船于芦苇荡之中，渔夫假寐于船上，船随芦苇漂，晚风徐徐，烟水蒙蒙，都被吹进芦花荡的深处。

荡的深处，藏着一座秋雪庵。

明人吴本泰在《西溪梵隐志》中，对西溪秋雪庵的描述是"秋水一泓，荻花四壁。水周四隅，蒹葭弥望，花时如雪"，因此"非棹莫寻"。

秋雪庵已经有数百岁了。它最初叫大圣庵，诞生于宋时，后来叫资寿院。随着干戈征战，江山易主，它逐渐落败，奄奄一息，直到四百多年后，有缘人将它重整修缮，又延请高僧驻院住持，才又恢复了微微的香火。

让它命运有所转机的，是一个秋日。暮色将晚，雁过长空，影沉水寒，正是芦花两岸雪，江水一天秋的最美模样。它看见，一叶小舟载着一人，在温婉的暮色中缓缓划来。

船中人也在看着它。只见一座小院在水中央，四面芦花如白雪般纷飞。他怔在那里，心中，正起笔落画，是"芦花飘雪迷洲渚"[1]，是"水绕芦花月满船"[2]，还是"芦花深处泊孤舟。笛在月明楼"[3]。不是，都还不够贴切。他叨念着，花如雪，花如雪，如雪。是了！他恍然大悟，应是"秋雪濛钓船"。

它有了一个新的名字，"秋雪庵"。

它觉得，它就像怀里藏着美玉的丑石，经过数百年的层层剥落，原本的面貌终于要露出来了。

在往后的岁月里，它不再晦暗，人们来此，只为寻它。月夜之中，众人扶栏直上，登楼远眺，朦胧之中，"清

① 语出谢逸《青玉案（芦花飘雪迷洲渚）》。
② 语出白居易《赠江客》。
③ 语出李煜《望江南（闲梦远）》。

风徐来，晶光摇曳，弥漫千顷，皎灿炫目，觉此身萧然霞举，如在冰壶琼岛间，不复见大地人世"[1]。

入仕多年的吴本泰，终回到秋雪庵旁住下了。他在附近买下一座庄园，参禅访道，著书立说，平日里，一些名士常常买棹来访，他们在蒹葭深处相互唱和，叹换世之痛。他将秋雪庵周边的景色题为秋雪八咏，仙岛荡、幔芦港、秋雪滩、莲花幢、杨柳城、蒼卜篱、护生堤、弹指楼，他将秋雪庵的美丽作了定格，永传于后。

"二十念为一瞬，二十瞬为一弹指"。董其昌为弹指楼题写了匾额，岁月流年，弹指一笑又飞雪。

一片芦花，明月映之，白如积雪。往蒹葭深处划来的人，又是谁呢？

①语出朱梦彪《观水雪庵芦花记》。

秋意浓

◎黄公望隐居地——富春山

富春山泛指富春江沿岸的群山，横跨富阳区与桐庐县。元代大画家黄公望晚年隐居于富阳的庙山坞，他在《秋山招隐图》中写道："予向构一堂于其间，每春秋时焚香煮茗，游焉息焉，当晨岚夕照，月户雨窗，或登眺，或凭栏，不知身世在尘寰矣。"清代诗人王修玉有《富春山》一诗，缅怀创作《富春山居图》的黄公望："孤城一片水云间，黄叶丹枫满目斑。今日已无黄子久，谁人能画富春山？沙江渺渺渔舟聚，烟雨霏霏宿鸟还。自笑此行无一事，虚随估船渡江关。"

◎看云海——北高峰

北高峰是杭州近郊的山峰，上有天下第一财神庙灵顺寺，下有著名的佛教圣地灵隐寺。张岱在《西湖梦寻·北高峰》里是这么描述的："北高峰在灵隐寺后，石磴数百级，曲折三十六湾。上有华光庙，以祀五圣。山半有马明王庙，春日祈蚕者咸往焉。峰顶浮屠七级，唐天宝中建，会昌中毁；钱武肃王修复之，宋咸淳七年复毁。此地群山屏绕，湖水镜涵，由上视下，歌舫渔舟，若鸥凫出没烟波，远而益微，仅觌其影。西望罗刹江，若匹练新濯，遥接海色，茫茫无际。张公亮有句：'江气白分海气合，吴山青尽越山来。'"

◎赏桂花——满觉陇

满觉陇，亦称满陇、满家弄，位于杭州西湖以南，是南高峰南麓的一条山谷。桂花在杭州已有近千年的历史，唐代已栽桂花，大都种在灵隐、天竺一带。宋代民间开始种桂花，南宋时满觉陇已种了许多桂花，到明初时种桂花之风已很盛，此处是杭州最集中的桂花产地，也是桂花开得最盛的地方。明代高濂在《四时幽赏录·满家弄看桂花》中写道："桂花最盛处惟南山、龙井为多，而地名满家弄者，其林若堳若栉，一村以市花为业，各省取给于此。秋时策蹇入山看花，从数里外便触清馥。入径，珠英琼树，香满空山，快赏幽深，恍入灵鹫金粟世界。"

◎游西湖——西泠桥

西泠桥位于栖霞岭与孤山之间，又名西林桥，与长桥、断桥并称为西湖三大情人桥。南齐时美丽的苏小小传说也发生在此处。南宋时，都城探胜，水面画舫如鳞，都是先南后北，一到午时，则尽入西泠桥。秋日，在西泠桥看孤山一片红叶，明代的高濂在《四时幽赏录·西陵桥畔醉红树》中写道："秋来霜红雾紫，点缀成林，影醉夕阳，鲜艳夺目……更于月夜相对，露湿红新，朝烟凝望，明霞艳日，岂直胜于二月花也！"

◎花雪如海——秋雪庵

秋雪庵建于南宋淳熙初，位于杭州西溪河渚湿地中心水域。因为在孤岛之上，向东南一望无际的芦苇滩地在秋季的明月下，呈现出令人名利俱冷、一片白茫茫的意境，明代大书画家陈继儒便取唐人诗句"秋雪蒙钓船"的意境，题名"秋雪庵"。庵内的弹指楼当年由董其昌题写匾额，成为秋雪庵中的重要人文内容。张岱认为："余谓西湖真江南锦绣之地，入其中者，目厌绮丽，耳厌笙歌，欲寻深溪盘谷，可以避世如桃源、菊水者，当以西溪为最。"

第九章

钱塘依旧，潮起又潮落

早潮才落晚潮来，一月周流六十回。

不独光阴朝复暮，杭州老去被潮催。

——〔唐〕白居易《潮》

# 一、杨妹子

是夜，杨皇后①正在寝宫里细看着画院精选后送上的画卷。

身为大宋皇后，殿前殿后总有忙不完的大事小事，也唯有这个时候，她才能暂停下白日里的繁务，留给自己一份独处时光，重拾年少时的爱好，习习字，赏赏画。

画院里的画师们平时并不在院中，他们游散在城中街巷，只有诏见的时候才会过来。正因为如此，他们的笔下并不只有宫中的常见景致，更有各处的妙趣，这让杨皇后很是喜欢。

宫人们一幅幅地展开画卷，报着画师的名字。时值仲秋，画卷里多是染上了枫红的群山、悠然赏月的文士和追花弄草的鱼虫鸟兽，看到喜欢的，杨皇后会点点头，让宫人们放到案几上。今晚，杨皇后留下的画卷不多，眼下，只剩最后一幅待看了。

"李嵩②，夜潮图。"宫人解开扎带，将画卷缓缓展开。

① 杨皇后（1162—1232），即杨桂枝，南宋宁宗恭圣仁烈皇后。
② 李 嵩（1166—1243），南宋画家。

188

　　杨皇后抬了抬眼，示意将画递得近些。有经验的宫人立刻会意，显然，这幅画提起了皇后娘娘的兴致。

　　画如其名，眼前，正是一幅夜间观潮的景致。高悬的明月下，浪潮卷涌成一线，向着江岸奔涌而去。也许是渡了月光的温柔，江潮不似往日般豪烈，没有张牙舞爪的戾气，也没有横冲直撞的声势，倒像是在江水的吟咏中，江心泛起的波澜。岸上不见拥塞的车马和喧闹的人海，只有潮水翻涌的声响，在夜空下回荡。远山，江帆，月影，银涛，这让在江畔华美楼阁里的看潮人，难得享有了观潮的一刻安宁。

　　是的，安宁。是大浪过后，铅华洗净的安宁；是大局已成，一切尘埃落定的安宁；也是杨皇后自己，此时此刻，享有的安宁。

　　确实，现在无论是后宫，还是前朝，杨皇后都能放心了。南宋开禧三年（1207），杨氏家族最大的政敌，太师韩侂胄北伐中原失利，金人要求送上主谋首级才可开启和谈。杨皇后先是让皇子入奏请宁宗治罪韩侂胄，自己再从旁力请。面对几次缄默不语的宁宗，杨皇后决定立即出手，以防走漏风声。她令兄长杨次山于朝中联合史弥远等几位大臣密谋布局，最终由她模仿宁宗笔迹草诏，将韩侂胄槌杀于玉津园。韩侂胄的首级后来被交予金军，此一役，既平了国之"外忧"，又除了家族长久以来的心患，可谓一举两得。

　　在杨皇后还只是杨贵妃的时候，便"颇涉书史，知古今，性复机警"，韩侂胄就曾评价她"任权术"。当韩侂胄的侄女、宁宗赵扩的元配韩皇后病逝后，他力主立性情柔顺的曹美人为后，极力拦阻杨氏上位。这后宫的浪涌丝毫不逊于朝堂，要想成为大宋的皇后，靠的不仅是宠遇、德行，还得有心计和智谋。她十岁入宫，从小小伶女到太皇太后最宠爱的身边人，"举动无不当后意"[1]，再到太皇太后一句"做好看待，他日有福"[2]赐予了为她着迷已久的嘉王赵扩。等到赵扩登基为宁宗，她便被立封为平乐郡夫人，六年内连升婕妤、婉仪、贵妃。为了有更强势的靠山，她"寻"到了出身于武将世家的长兄——杨次山。有了这个底气，终于，在嘉泰二年（1202），曾经的"杨妹子"登上了一人之下、万人之上的皇后宝座。在给画师们的题词后面，她开始钤上皇后的坤卦印，只有在画上落下"杨妹子"三个字时，她才感觉到某种真实。

这么多年来，宁宗是极其宠爱她的。她想习字，他便手把手地教她，教到后来，两人的字迹如出一辙。她喜看画，他便遣人送上画院的画卷，随她尽情题字。每年的大潮日，他总会牵着她，一层一层穿过依山搭建的山廊，登上皇城中最高的楼阁"天开图画"，去看那奔涌而来的大潮。

她曾问他，潮是什么时候有的呢？

宁宗说，他也不知道，早在《南华经》里，便有了大潮的记载："圣贤先哲庄子，自北而来，唱着逍遥歌，踏着逍遥步，停驻在江边的海塘旁。那晚的江水潮涌凶猛，天地都为之改色，这便是'浙江之水'，'涛山滚屋，雷击霆碎，有吞天沃日之势'。"

"官家，这潮水的确是吞天沃日啊！"杨皇后感慨地回道。

她看过李嵩的《钱塘观潮图》，那是八月十八的大潮，画中一水两岸，开阔而空旷，近岸的屋舍层叠如鳞，隐没在丛树绿植中，临江的群山蜿蜒连绵，江中的潮水

①语出周密《齐东野语》卷十。
②语出叶绍翁《四朝闻见录》。

汹涌推进，气势盛人，绵延至天际几不可见，徒留江中数只船儿随波浪颠簸起伏。比起夏圭《观潮图》中的浪花翻腾，《钱塘观潮图》多了份江山的壮阔。

她读过白居易的"褰帘待月出，把火看潮来"[1]。山湾里的郡亭灯火通明，笙歌委婉，人们觥筹交错，坐等一场潮来。当轰隆的声音从远处传来，歌者们手中的鸣琴停止了弹拨，宴席的宾客涌至亭外。月光之下，秋云格外高远，暗海在天际浮动。黑蒙蒙的水天之间，一条雪白的素练乍合乍散地横江而来，涛声先于潮声，如万马奔腾般惊天吼地，数丈高的浪头冲向岸边的山石又被撞回，如此反反复复，即便在高处，也都能感受到迎面的弥漫水雾和凛冽寒气。

那是怎样的豪雄瑰丽！是"漫漫平沙走白虹，瑶台失手玉杯空"[2]。莫不是瑶台的仙人，失手把玉杯中的琼浆泼向了人间，不然潮水怎会如此奔腾汹涌？因这起伏的浪潮，使倒映在江水中的秋空摇动不止，连落日也浮沉在湍急的洪波巨浪中。

是"惊涛来似雪，一座凛生寒"[3]。云和浪绞成一团，水和天相撞半空，好像千万雪狮踏江怒吼，最终化为水烟细沫，付之流水。

是"潮色银河铺碧落"[4]。月碎云散，波涛连天，满江的碎银似与九天银河相汇，天地间三分是水，三分是云，还有三分在墨色的夜空中，跃跃沉沉，飘飘浮浮。

怪不得啊，"钱塘郭里看潮人，直到白头看不足"[5]，哪怕须发皆白仍看不够，潮水之势，若非"夫差水犀手"，才能"三千强弩射潮低"。

[1] 语出白居易《郡楼夜宴留客》。
[2] 语出陈师道《十七日观潮》。
[3] 语出孟浩然《与颜钱塘登障楼望潮作》。
[4] 语出杨巨源《送章孝标校书归杭州因寄白舍人》。
[5] 语出徐凝《观浙江涛》。

　　"安得夫差水犀手，三千强弩射潮低"，出自苏轼的《八月十五日看潮五绝（其五）》，杨皇后曾誊写过。说的是与潮争的钱王。

　　孙光宪的《北梦琐言》里写道："杭州连岁潮头直打罗刹石，吴越钱尚父（钱镠）俾张弓弩，候潮至，逆而射之，由是渐退。"杨皇后还记得小时候，在剧班里听人讲起这段传奇的震撼——

　　正是大潮日，钱王站在临江搭建的高台上，一身紫玉暗纹紧袖箭衣，身旁一张弓架，放着他的铁弓和利箭。数面杏黄令旗在大风中伸展，高台两边则是数以万计的将士和鼓阵。江岸边人声沸腾，城中百姓闻讯而来，欲见证这千古一遇的人潮之战。

　　只见钱王将战帖掷入江中：为报潮神并水府，钱塘且借与钱城。与钱王站在一起的，还有满城的将士。三千把强弩一列排开，箭杆用的是生长数年的苦竹，箭翎用的是染血的鸿鹭羽毛，箭头用的是罡火锻炼的生铁，三千支人间利箭蓄势待发，等待着即将来临的鏖战。

　　起先还是风平浪静，不过片刻，便风云突变。远处，一道白线渐渐出现，若隐若现，它速度奇快，不断吸取周边江水，不一会就已汇成了数丈高的白壁，向岸边飞涌而来。轻蔑的狂笑从潮中传来，潮头掣电奔雷般，铺天盖地扑向高台。

　　钱王紧盯着江潮，待它离自己只有百步之遥时，一个跨步，弯弓搭箭，只见羽箭宛如利剑，破空而出，划出一道白光，直射潮水。

　　"放——箭——！"他发出号令。霎时，万鼓齐震，

钱王射潮

箭阵铺天盖地，盖向那不可一世的潮头，压得那潮神节节溃退。

"再——发——！"塘边茅丛中，又有数百把弩弓立起，箭林自两边向潮包抄而去，如利刃般切碎潮面。

"再——发——！"箭阵再变，万千利羽终化作一支神箭，带着雷霆之势，轰的一声，击散了潮壁。

钱王终是胜了大潮，如今，这里的人终于有了块长久的安身之地。潮水退却，人们取罗山之大木，于海塘边打下六排木桩，将装满巨石的竹笼和泥土填充在木桩之间，固作泥塘。泥塘之外，打下木柱十余行，以缓水势。泥塘之内，则叠石为堤，坚实塘堤。至此，能庇佑子民千年的石塘终于筑成，使杭州城基始定。

到底是个人物啊！杨皇后指尖抚着画卷上的浪潮，心想："如官家也有这份胆魄，大宋现在又是怎样的呢？"

深深庭院，只有吱吱的虫鸣在回应着杨皇后。罢了罢了，她握起宫人们递上的笔，又望了望窗外高悬的明月，提笔写下：

寄语重门休上钥，夜潮留向月中看。①

官家，待到潮起那日，杨妹子继续陪您一起看吧。

## 二、翻浪的潘阆

长忆观潮，满郭人争江上望。来疑沧海尽成空，万面鼓声中。　弄潮儿向涛头立，手把红旗旗不湿。别来几向梦中看，梦觉尚心寒。

写下这首传诵全国的《酒泉子（长忆观潮）》时，潘阆②不过二十来岁，还是个有罪之身。

这个罪有点大，谋逆。北宋太平兴国七年（982）四月，七十多位朝臣一齐上奏，揭发魏王赵廷美和宰相卢多逊勾结，阴谋夺位。最终，魏王被贬至房州，郁结于心，不久便吐血而亡。卢多逊被流放崖州，籍没家产。魏王府更多人被斩首于都门之外，其他余党或被流放，或被斩首，或被追捕。被追捕的人里，就有他，潘阆。

谁能想得到呢?潘阆的友人们也想不到。更想不到的是,即便是这样,潘阆还是如此招摇于市,生怕人家不知道他似的,词作了一首又一首,还一首比一首有名,特别是关于咏潮的那些词作。没人知道那些词句为何会如此夺人心魄,让人身临其境。太子中舍李允极其钦慕潘阆,在雍熙三年(986),专门请人为潘阆作了一幅《潘阆咏潮图》,并飞书请潘阆的两位好友指点一二。信中说得恳切:"若得吴县序之、长洲赞之,可垂于不朽矣。""吴县"是指苏州吴县知县罗思纯,"长洲"是指长洲知县王禹偁。言下之意,如有这二人认可,此画应是尽显潘阆风采,足可传世了。

当时,王禹偁还在卧病休息,此事拖延了几天。等康复后,他展画观看,细细品读了图中之诗、画中之人后,深有感触,觉得确实应该让世人了解一下这位世间奇人,"诵诗以味之,乃知处士之句绝唱也,李公之画好事也,罗君之序乐善也。援毫赞之,以卒予志"[1]。于是,他先作了一篇长序来叙述此事经过,又挥笔写下了《潘阆咏潮图赞》,好好评点了一番潘阆的半生传奇。

"天生潘阆,以诗为名。"在王禹偁看来,潘阆的诗才是天赐的,注定会在江湖里激起大浪。潘阆幼时聪颖过人,才思敏捷,小小年纪所作诗词便闻名乡里,有道人见他心思通透,具上根大器,便带着他去了华山问道求仙。有人惊叹:这小子长大了可还得了?潘阆自己也这么想。但欲得道成仙,必经几番磨难。他遇到的第一番磨难便是两头不着实的徒劳困境:他去考进士,但没考上;在华山修道炼药,却总也静不下心。他不听师父的劝阻,决意下山,要去王朝寻他的繁华梦了。

可王朝太大了,多的是能人异士,要建功立业谈何容易。潘阆背着药箱,在皇宫脚下的街巷游走,凭着诗

[1]语出王禹偁《潘阆咏潮图赞(并序)》。

才，竟也吸引到一批文士名流。王朝里暗流涌动，秦王蠢蠢欲动，卢多逊等人看上了潘阆精通药性的本领，便拉着他，权谋一场改天换日的大计。帝王家的事，谁都说不准，向来都是成王败寇，干还是不干？潘阆未有丝毫犹豫，他从山上来到这烟花尘世，图的就是一名功成千古垂。

可惜，事不遂人意，秦王事败，潘阆的功成之梦就此截断，他仓皇躲藏，虽说王朝不杀士，但他也不想在牢狱里度过一生。他先是假扮僧人逃进山中，后来转辗于钱塘、会稽，在江南的城巷里重操旧业，又卖起了药。

对潘阆这样的人来说，虽然功是建不成了，但只要他的诗还在，就还有东山再起的底气。翰林学士宋白写给潘阆的诗甚至说："宋朝归圣主，潘阆是诗人。"王禹偁引用了这句，并强调了一下，"其见许也如是"。

《潘阆咏潮图》里的潘阆，站在大浪江边，白衣翻飘，仙风道骨，他笔下的潮水是如此的惊心动魄：

> 风引鹤领，霜号猿声。天地借意，鬼神以惊。闻之心骇，诵之骨清。[1]

虚无的天地间，唯有潮声澎湃，若非天地借意，凡人如何能写得出这样的句子？前朝有卢肇作《海潮赋》，邱光庭作《海潮论》，一赋一文得窥天地之运转，洋洋洒洒数千字，却不如潘阆"何如一章，穷万古情"。有人探其形，有人却能得其魂。画中的潘阆，独占一份天地的肆意——

> 吟态伊何，昂头指空。寒沙暮岛，望月孤鸿。吟声伊何，含水咽风。秋山虚谷，喷霜晓钟。[2]

[1][2]语出王禹偁《潘阆咏潮图赞（并序）》。

王禹偁想，只要是吴山不崩，江水不枯，这"汤汤潮声"必将随着潘阆的诗作而声名远播，"与诗名俱"，流传万世。

潘阆应也是听说过这幅画的，以他的性格，肯定欣然受之。只是有一点，他觉得有必要澄清下，"天生诗名"当然是真，但写诗"发任茎茎白，诗须字字清"也是真。一年又一年，一遍又一遍，他在岸边，看着潮起潮落，看着全城的人倾城而出拥向江边，踮起脚尖，伸长脖子，争看江面翻腾的潮水，那潮水像一道道的银白城墙，劈天盖地而来，简直让人怀疑大海的水都被倒卷得一干二净。潮声轰隆，像四面擂响的战鼓，围观的人群不断后退，偏是有人不怕那凶猛巨浪，冲向江中，向涛头挺立，出没于起伏动荡的惊涛骇浪中，他们高举手中的红旗，不惧艰难，迎向灭顶的潮水，在如此险境中还能让手中的旗帜不被潮水溅湿，那是怎样的英勇壮观，令人敬畏。

这是钱塘城的另一副模样，潘阆想。大多时候，它是"万家掩映翠微间，处处水潺潺"。千家万户掩映在青翠的山间，到处都能听到潺潺的流水声，窗前一年四季都有奇花异草绽放，人们好似在画屏中出入。它的西湖柔软缠绵，带着粉香软语，是"芰荷香喷连云阁""笛声依约芦花里"，是"吴姬个个是神仙，竞泛木兰船"。它的山寺梵音清明，就算是三伏天也如清秋般凉爽，时见白猿攀上高树，长啸一声便隐入山中，"僧房携杖遍曾游，闲话觉忘忧"。潘阆说，"不是人寰是天上"。但到了大潮之日，江南温婉尽褪，就只留有"庙前江水怒为涛"的千古遗恨和"来疑沧海尽成空"的滔天巨浪了[①]。

潘阆到底还是想当"弄潮儿"的，相信有人定胜天的奇迹。他也曾后悔过，或许就应该留在山上，假以时日，

①本段引用诗句均出自潘阆的十首《酒泉子》。

也许就能修行得道。他写信给师父，说："不信先生语，刚来帝里游。清宵无好梦，白日有闲愁。世态既如此，壮心应已休。求归归未得，吟上水边楼。"①但如果还能重新选择，潘阆还是会重复选择原来那条路。

他生怕繁华的人世不记得自己，明明秦王案后东躲西藏，好不容易觅得一处小庙，当个假僧安顿生计，偏生嘴贱，一句"散拽禅师来鞠蹴，乱拖游女上秋千"，搅得寺庙不得安生，自己又踏上了逃亡之路。明明凭借诗才，在北宋至道元年（995）让自己脱了罪名，还被赐进士，成为最高学府国子监的四门助教，偏偏又得意忘形，来了一首《扫市舞》，写出"出砒霜，价钱可。赢得拨灰兼弄火，畅杀我"的句子：只要价钱合适，潘阆任何事都可以为你做，包括杀人放火。这几句狂语令朝野震惊，皇帝愤而追还封赏，下令把他赶出皇城。这还不够，他居然再次掺和到政变之中。结果还是败，他故伎重施，穿上袈裟混进了另一座寺院。故事，又再一次重演。

"名利路万辙，我来意如何。红尘三尺深，中有是非波。波翻几潜没，来者犹更过。"②不甘寂寞的潘阆，人生永远是高潮和低潮交替，看得你眼花缭乱甚至分不清低处和高处。他一边感慨着"红尘三尺深，中有是非波"，一边又感叹他的诗作"谁敢高吟汉帝前"③。他一边骑驴倒行，说着"我爱看华山，其实不喜入京也"④，一边又数次流连于繁华盛世。到了后半生，他终于不想折腾了，只想安安心心地当着他的参军。

只是有时候，他还是会忍不住，想再看看江边的潮。江潮来时，呼啸席卷一切，惊天动地。可江潮退后，却少有人再记起，要待到来年，听到八月十八的潮声，才会又记起去年此时的那人那景。

①潘阆《寄陈希夷》。
②语出潘阆《阙下留别孙丁二学士归旧山》。
③语出潘阆《书诗卷末》。
④语出吕希哲《吕氏杂记》。

大中祥符二年（1009），潘阆卒于官舍（一说为大中祥符三年）。有位道士遵照他的遗愿，把他迁葬于西湖的山岗，和林逋的孤山隔湖相望。命运其实早就有了预示，在那首传奇的《酒泉子（长忆观潮）》之前，他写下的是《酒泉子（长忆孤山）》。

　　长忆孤山，山在湖心如黛簇。僧房四面向湖开，轻棹去还来。　芰荷香喷连云阁，阁上清声檐下铎。别来尘土污人衣，空役梦魂飞。

他的墓碑，只简简单单，写着：潘阆，号逍遥子，字梦空。

八月十八的江潮，又一次如约而来了。人们又开始吟诵着那首《酒泉子·长忆观潮》。这个曾翻起惊天大浪的逍遥客，确如王禹偁在《潘阆咏潮图赞（并序）》写的那样：

　　吴山未泐，浙江未枯。汤汤潮声，与诗名俱。

### 三、弄潮儿留住

留住，出生在钱塘江畔的渔民之家。

这里的渔民世世代代靠水生活，日出日落，撒网捕鱼。只有在大潮日，他们才会露出黝黑皮肤上鲜明的蛟纹，显示出他们的另一个身份——弄潮儿。

留住的父亲对小小的留住说，生为吴越的子民，怎能不会弄潮？奇技者，越深水渡江河者也。这里的男儿七岁能涉，十岁能浮，十五岁能没。他们曾与蛟龙搏斗，杀蛟于深海之底；他们曾泅水渡江，链锁敌方千艘战船。

他们踏浪而行，执旗而歌，誓将这潮水征服于脚下："诮惯得、吴儿不怕蛟龙怒。风波平步。看红旆惊飞，跳鱼直上，蹙踏浪花舞。"①

真厉害啊，留住想。小小的他虽然还没有足够的能力，能像父亲和哥哥们一样在潮间驰骋，但族人们神勇的身姿已经在他的心里深深印下。

留住经常听父亲念叨着几句诗，那是大诗人苏轼写的："鲲鹏水击三千里，组练长驱十万夫。红旗青盖互明灭，黑沙白浪相吞屠。"②

他跟着读了好久，一字一句学着慢慢钩画。

那时的他，不知道鲲鹏有多大，不知道三千里有多远，不知道十万夫有多少人，不知道明灭和吞屠到底意味着什么。他只知道，赢得弄潮儿的头筹，是这个江畔渔村里，每个人拼此一生的无上追求。

等长大到能下海的岁数，父亲将留住带到了江边。他将壶中的酒洒向江中，又让留住对着江水磕了三个头，从此，留住的性命就与这片连绵的江水联系在一起了。

父亲说，腿脚不能慢，须游走如飞鱼，顺潮可上，逆浪可守。叔伯说，手不能软，握住的旗帜就是勇士的命，旗在人在，旗丢人亡。哥哥们说，要知己知彼，找到每一个潮头的弱点，翻越它，征服它，才能成为真正的吴中男儿。留住拼命地练习，无数个日夜，他不是在江中，便是在江岸边，细细记录下每一场大潮的样子。

有时，潮身未到，潮声先至。水天交接之处传来隆隆的声响，酷似天边闷雷滚动。隐隐约约地，似乎有数

①语出辛弃疾《摸鱼儿·观潮上叶丞相》。
②语出苏轼《催试官考较戏作》。

万只白鸟攒动，正振翅飞来。它们速度奇快，顷刻间，白练似的潮峰就奔来眼前，耸起一面一丈多高的水墙直立于江面，倾涛泻浪。一簇簇声吞万籁的水花飞散开来，其景壮观，其力无穷，果真是"滔天浊浪排空来，翻江倒海山为摧"①。

有时候，潮流速度南快北慢，潮头渐渐分为两股。南潮进展神速，北潮迟迟不前。急军行走的南潮扑向南岸激荡回头，向北涌去，又恰与姗姗来迟的北潮撞个满怀。霎时间，一声巨响，好似山崩地裂，满江耸起千座雪峰，上下翻卷，奔腾不息，着实令人怵目惊心。

有时，本还是晚霞映照江面，江水轻摇缓流，忽然间，天色就暗了，霞光被黑云遮蔽，潮水在急速上涨。阴沉的水面上一条黑色素练浮动着，时断时续，时隐时现，伴随着沙沙声响，向前涌来。少顷，声音加剧，潮势越来越大，前浪引后浪，后浪推前浪，在江面形成一垛高耸的潮峰，犹如天兵天将兵临城下，冲撞、厮打，喷珠吐沫，波涛连天，想想，那十万军声也就是如此了。

村中的老人说，这居于江中的潮神，叫伍子胥，曾经一腔热血，为吴国殚精竭虑，到头来却被迫自尽，投弃江中，怎能不怨，怎能不恨。但他到底还是顾及江边百姓，不忍断人生计，一口怨气硬生生地吞着，只留给自己一日，诉一诉长久的冤屈。

"我们弄潮啊，也是为疏散这股冤屈，让他知道，还有人记得那陈年的往事，记得他被错杀的愤懑，记得逆浪的不屈和勇气！"

日复一日，留住就在这江中摸索翻滚，他知道，终有一日，他会继承祖辈们世世代代流传的传统，与这漫

① 语出叶颙《浙江潮》。

天大潮决一胜负，取得那份无上的荣誉。

留住等的那一日，很快便到了。

南宋淳熙十年（1183）的八月十八，午时还没到，城中的店家早已关了铺子，跟着浩荡的人群奔往东郊。出城的路上车马往来不绝，江岸南北上下十余里之间，满眼都是前来观潮的人群。

御辇从候潮门缓缓而出，修内司早已在观潮亭两旁搭好了凉棚，装饰上彩色的帷幕，摆好上等的美酒，等待着皇帝和百官的落座。对岸龙山之下，官府和富人们所张的彩棚延展二十余里，远远望去江岸如同锦绣一般。江边，已有五千将士列阵海塘之上，数百艘战船分列两岸，船上的大帆如垂天之云，舵长数丈，万面鼓声穿越江面，将潮水也逼退了三分。

"呜——"，号角响起了！战船疾行似箭，随着鼓声不断变换阵型。一变，扬旗劈浪疾飞；二变，跃波破浪腾起；三变，横拉分隔两厢；四变，转舵包抄合围；五变，立帆合舷并驶。船上的兵士乘马弄旗、挥刀舞枪，如同在平地一般。突然，数声炸响，江上黄烟四起，船只隐没在烟雾之中，只有轰然炸响的声音，如山崩地裂一般。岸上的人们捂住耳朵，睁大眼睛努力盯着江面，却怎么也看不清楚。过了好一会儿，浓烟消散，所有的船只都已不见踪影，只剩一些着火焚烧的浮板，随着波浪而去。

但江水并未平息。雷声在天际嘶鸣着划破云层，浓重的潮息弥散在安寂片刻又喧闹的江岸之上。刚刚消散的烟雾和船影似乎又在风中绽开，渐渐要现出影子背后的凶兽。

这时，江岸边突然冲出上百位健儿。他们披散着头发，一身蛟蟒锦片，手握数面彩旗，迎着潮水逆流而上，争先恐后地扑向那即将到来的惊涛骇浪。

刚开始，浪水只是像一条白色的银线一般，等到它慢慢逼近，人们才发现，白浪高耸得就像碧玉砌成的城墙，寒雪堆成的山岭从天上瞬间堆压下来。四面都是雷霆般的巨响，汹涌澎湃的波涛犹如要吞没天地、冲刷红日，世间竟有如此雄壮迈豪的景象，让人不禁生出一股开天辟地的豪情壮志。

只见，最前端的一位执旗泅水与潮相搏的少年郎，正面朝着那汹涌的潮头，踩水而立。天地间，就只有这一人一潮，如两边阵前对峙的头领，冷傲而决绝。

"留住——"留住的父亲在岸上喊着。

立于浪尖的少年郎正是留住。他的身姿野性而矫健，他的臂上、胸膛，满是将采自山间的野果捣碎调制成的涂料所勾勒的蛟纹，清晰可见。在江水的拍击中，留住如同一头不畏天地的小蛟，倔强地与潮对峙着。

留住的父亲，紧盯着留住的身影，身上已是汗水淋漓。不知有多少前人，将自己意气风发的岁月都翻腾在了这八月十八的潮中。等到了耄耋之年，即便已是笑看潮来潮去，有了历尽万劫、洗净沧桑之后的达观超旷与淡泊宁静，但看着踌躇满志的子孙后辈翻跃在那浙江潮中，仍忍不住心中的悸动。

哗的一声巨响，只见咆哮而来的潮水直冲而来，如突兀而起的巨蟒，直冲云天。那朝朝暮暮随潮而来的不甘和愠怒，似乎在留住的身上找到了出口。连天接地的怒涛，没有停下来的意思，推至眼前，已遮天盖日。

　　留住紧盯眼前的巨蟒，在它还未张开獠牙的那一瞬间，他的身子凌空飞起，倒翻了过去。紧接着，身形再一起，登浪而上，在巨蟒的胸腹间奔腾跳跃，朝着那蟒首直奔而去。愤恨的凶兽想要甩掉身上之人，无奈却被留住紧贴在怀，无论怎么挣扎都甩不掉。它越发焦躁，再次狠狠地撞向塘石，扬起漫漫白雾。迷蒙中，只见一面绣着句芒玄鸟的旗帜，盘旋而上，狠狠地插进了巨蟒的眼睛。

闲亭候潮

"轰——"的一声，扭曲的蟒身甩向了堤岸，人群躲闪不及，被飞溅的江水浇得一身湿透。狼狈而怨怒的浪涛，在无数人的注视下，低声地喘息着，渐渐地，消散了。

江畔，一阵低沉的吟唱从岸边传来，悠悠飘向了江海之间，似乎在告慰即将远去的潮魂。

> 此是东南形胜地，子胥祠下步周遭。
> 不知几点英雄泪，翻作千年愤怒涛。
> 雷鼓远惊江怪蛰，雪车横驾海门高。
> 吴儿视命轻犹叶，争舞潮头意气豪。①

浩瀚的钱塘江水沉浮起伏，一喷一吸。那年轻的弄潮儿留住，正高举着旗帜，准备接受属于他的欢呼与荣光。

留住的父亲曾说，弄潮儿不需要留名，在江中，在浪中，自有年复一年的潮神记得，自有满城的喧鼓迎得，自有人们的歌谣传得。但此日，留住却是在史书上留下姓名了。

在欢呼的人群之中，有人默默记下了淳熙十年八月十八日的这场潮，写入了《武林旧事》卷七之中。

> 淳熙十年八月十八日，上诣德寿宫，恭请两殿往浙江亭观潮。进早膳讫，御辇檐儿及内人车马，并出候潮门。先命修内司于浙江亭两旁抓缚席屋五十间，至是并用彩缬幕帘。得旨，从驾百官，各赐酒食，并免侍班，从便观看。……市井弄水人，有如僧儿、留住等，凡百余人，皆手执十幅彩旗，踏浪争雄，直至海门迎潮。

① 刘黻《钱塘观潮》。

这一日的潮，亦令太上皇宋高宗心神澎湃，他感叹道："钱塘形胜，东南所无。"宋孝宗也是心潮未定，回复道："钱塘江潮亦天下所无有也。"见官家如此诗兴，群臣们也就各展才思，各赋《酹江月》一曲，呈于圣前评个高下。

夺得第一的是吴琚，他写下的是——

玉虹遥挂，望青山隐隐，一眉如抹。忽觉天风吹海立，好似春霆初发。白马凌空，琼鳌驾水，日夜朝天阙。飞龙舞凤，郁葱环拱吴越。　　此景天下应无，东南形胜，伟观真奇绝。好是吴儿飞彩帜，蹴起一江秋雪。黄屋天临，水犀云拥，看击中流楫。晚来波静，海门飞上明月。

好一句"此景天下应无，东南形胜，伟观真奇绝"。

存在于山海之间的大潮，不知有多少人伫立在江边，看着一场场的潮起潮落。有人风神潇洒，笑傲朝堂；有人流落江湖，颠沛流离；有人搏于江中，誓与天争；有人泣血写下"未到千般恨不消，到得还来别无事"，后人们记着的却只有一句"庐山烟雨浙江潮"[1]，跋山涉水来到江边，继续候着那一年一度的潮——

不独光阴朝复暮，杭州老去被潮催。

[1]语出苏轼《观潮》。

## 观潮

◎最热闹的观潮地——候潮门附近

《梦粱录·观潮》记载："临安风俗，四时奢侈，赏玩殆无虚日。西有湖光可爱，东有江潮堪观，皆绝景也。每岁八月内，潮怒胜于常时，都人自十一日起，便有观者，至十六、十八日，倾城而出，车马纷纷，十八日最为繁盛，二十日则稍稀矣。十八日盖因帅座出郊，教习节制水军，自庙子头直至六和塔，家家楼屋，尽为贵戚内侍等雇赁作看位观潮。"那时的海塘约在今天秋涛路沿线附近，出候潮门即可观潮。每逢八月十八日，从庙子头（今上城区新塘附近）到六和塔，沿江十余里都是看潮的人。

◎视野最好的观潮地——浙江亭

浙江亭，位于今天杭州白塔岭下的钱塘江滨，历来是临江观潮之绝佳胜地。《武林旧事》曾在这里记录下南宋最盛大的一次观潮活动。金朝的任询写有一篇《浙江亭观潮》，非常形象地描绘了这里的潮涌："海门东向沧溟阔，潮来怒卷千寻雪。浙江亭下击飞霆，蛟蜃争驰奋鬐鬣。"

◎最文艺的观潮地——郡亭

郡亭，出自白居易的《忆江南》中的"山寺月中寻桂子，郡亭枕上看潮头"之句，指的是杭州府属所建的江亭，一说是杭州刺史衙门里的虚白亭。白居易还专门写有一首《郡亭》诗："平旦起视事，亭午卧掩关。除亲簿领外，多在琴书前。况有虚白亭，坐见海门山。潮来一凭槛，宾至一开筵。终朝对云水，有时听管弦。持此聊过日，非忙亦非闲。山林太寂寞，朝阙空喧烦。唯兹郡阁内，嚣静得中间。"

◎南宋皇宫大内的观潮地——天开图画

《武林旧事·观潮》记载："禁中例，观潮于'天开图画'高台下瞰，如在指掌。都民遥瞻黄伞雉扇于九霄之上，真若箫台蓬岛也。"南宋帝后于皇宫中观潮，向来都在"天开图画"楼台，从高台上俯瞰江面，历历在目，如在指掌。江岸上观潮的京城百姓，回头仰望帝后的黄伞羽扇，如在九霄之上，仿佛天宫楼台、蓬莱仙境一般。

## 第十章

江南无所有，聊赠一枝梅

众芳摇落独暄妍，占尽风情向小园。

疏影横斜水清浅，暗香浮动月黄昏。

霜禽欲下先偷眼，粉蝶如知合断魂。

幸有微吟可相狎，不须檀板共金樽。

——〔南宋〕林逋《山园小梅二首（其一）》

南宋德祐二年（1276），宋恭帝六岁，杭州城举行了一场受降仪式。

那天是二月初五，脱去了黄袍的小皇帝，率领着降元的文臣武将宣布正式退位，然后与母亲一起被送往了大都。

车马一路颠簸，小皇帝不懂母亲为何一直静默不语，他看着宫外零落开放的梅花，以为只是一场远行。

等到他终于成长到足够明白"亡国"二字的含意时，他却再也记不得小时候的风景了。只记得林和靖的梅花诗，以及在故事里听说过的，属于大宋的最美好的时光。于是，他留下了这样一首五言绝句：

寄语林和靖，梅花几度开。

黄金台下客，应是不归来。①

"自从我离开后，梅花又开放了几番呢？我真想请人捎信问问孤山的林逋。现今，我已是'燕昭王'礼遇的'黄金台'下之客，应该是不能回去看梅花了。"在

① 宋恭帝《在燕京作》。

210

孤寂的雪夜里，他写得小心翼翼，唯恐被人看出对故土的情意。

黄金台，即陈子昂登过的幽州台，燕昭王曾在此筑黄金台求才，群贤毕至。

此时的宋恭帝离黄金台的故址很近。可他再也无法效仿燕昭王，只能念着林和靖的名号，学陈子昂"念天地之悠悠，独怆然而涕下"罢了。

雪幕下，他仿佛看到了在同样寒冷的冬日里，一位布衣老者正缓缓地走向一座幽静的山间小院。白鹤衔来远处尘世的消息，庭外一枝梅花开得正好。

老者穿庭过户，来看这枝梅花。正是黄昏时候，暮色重重，疏影横斜，静水清浅，暗香浮动，老者写下了那千古名句：

疏影横斜水清浅，暗香浮动月黄昏。

这枝花是隐士林逋的梅妻，亦是文人心上的一粒朱砂痣。

## 一、却把春风寄与谁

一千五百多年前，北魏诗人陆凯写了封信给自己的好友，南朝文学家范晔，信中写道：

江南无所有，聊赠一枝春。①

陆凯是鲜卑人，范晔是汉人，虽说是不同民族，效力于不同朝廷，但两位挚友常有书信往来，畅谈人生

①语出陆凯《赠范晔》。

世事。

　　某年冬日，陆凯率兵南征，立于梅岭，想起了千里之外的朋友。在雪色苍茫的山岭，他突然看见一树梅花，立于风雪之中，在这个万物肃杀的时节里，身姿摇曳而不落魂，心下十分欣喜。

　　他折了一枝梅花，装在信袋子里，又提笔写了一首小诗，让驿使带给身在陇头的范晔。他说，江南的花已经开了，只是你未能看到。就赠你梅花一枝，聊表思念吧。

　　经过数十日，梅花终于送到了范晔的手中。虽然花已凋尽，只剩下光秃秃的梅枝，但范晔还是将这枝枯梅插在了书案上的瓷瓶里。深夜苦读时，他一时感念，掩面垂泪，不能自已。

　　"折花逢驿使，寄与陇头人。江南无所有，聊赠一枝春。"这是整个南北朝时期最浪漫的一份"快递"。

　　那时的江南，还不是杭州所在的江南。杭州只是一处江海故地，水泉咸苦，居民零落。后来到了唐代，李泌疏西湖、凿六井，民足于水，城中才渐渐有了钱塘的繁华，成为一处温柔缱绻的江南之地。

　　白衣苍狗，沧海桑田，无论世事如何变幻，梅，却是一直都在的。在山间，在海边，在堤岸，在寺院，在一片萧瑟中，闻香寻觅枝头悠悠开放着的那一朵梅花，是文人们的意趣。

　　白居易奔赴杭州任职的时候，已是初冬，几乎无花可访无绿可寻，这让初来乍到的他不禁心生落寞。一日，他出门闲逛，走着走着，忽闻到寒风中夹带着一缕清香。抬头一看，原来是几株梅树，在凛冽的寒冬一枝两枝地开着。清寂的冬日，静默的白雪，小小的梅花就窝在枝丫上，清冷而热闹。

这让他欣喜不已，随即便差人邀请好友一同前来赏梅。回忆当时，他写道：我忽然发现林下寒梅已经开放，便想着可以设宴在花前饮上几杯了。我让人骑着白马前去邀请我的好友，也铺好了满地红毯等待舞人的到来。歌声至幽怨之处，梅花微微地飘落，酒气在浓郁之时，梅花缓缓地绽开。大家在梅树下举杯畅饮，诗文唱和，好不热闹，若是到了岁寒时节仍然没有雨雪，那么估计我还得要醉上个两三回啊！

良辰美景，赏心乐事，既有佳客，又有佳人，在杭州的这几年，老白的确是"曾为梅花醉几场"①。

他向常州陈郎中描述西湖的好景致，是"波拂黄柳梢，风摇白梅朵"②。两位老友坐在窗边闲聊，两盏茶，几卷书，一炉香，一窗月，一树梅，满落清香。

他常去山中寻梅，有时下雨了，便躲在灵隐寺。院中，花枝沿着墙攀爬伸展，闲闲地开着。雨水经过，穿林打叶，碎碎密密地落在花上，香气也随之散落开来。人立在院里，看从竹林中抽出的那几树花，在这虚实之间，见的是花，见的亦不是花。

他对"伍相庙边繁似雪，孤山园里丽如妆"③的梅景念念不忘。伍相庙，在吴山，春秋时，因吴国大夫伍子胥被谗而死，于是百姓们便在此立祠祭祀。这里种的是白梅，花开时，层层叠叠，遥天映雪，繁盛，极美。孤山寺的梅，却是嫩粉的，一朵朵，似女子额间的一抹花钿，

①③语出白居易《忆杭州梅花因叙旧游寄萧协律》。
②语出白居易《郡斋暇日尝忆常州陈郎中使君早春晚坐水西馆书事诗十六韵见寄亦以十六韵酬之》。

袅袅婷婷，映眼，入心。

携友寻梅、歌伴酒狂的潇洒多次出现在他的梦中。多年后，他对友人说，我有一件在杭州穿着的旧衣裳，上面还留下了当年的酒渍，仔细一闻，似乎还带着当年赏梅时留下的香气，想想是不忍放进衣橱了，就让它挂在屋中陪着我吧。

## 二、占尽风情向小园

林逋早年曾说过：只觉青山绿水与我情相宜。

他后来正是这么做的。

他少小离家，漂泊江淮，在不惑之年来到了杭州，结庐于西湖的孤山。

孤山在哪里呢？在西湖之中，不与其他山相连，孤零零地伫立水中，故得此名。这正和他的意，他本就求静，不愿入城，也许是不愿见到故人，或者是嫌烟火太重，从此，杭州城外，孤山之上，就真的再无半点俗尘。

他在孤山上垒土为墙，结茅为室，编竹为篱，以为栖身之所。竹林深翠，环绕茅庐，四周环境甚是清幽，只是，曾经的"孤山园里丽如妆"已是难寻。于是，他便从他居住的小院开始种梅，绕屋依篱，高高下下，一路种来，直到湖边，又依山傍水延伸开去。如此，"不三四年间，而孤山风景已非昔日矣"[1]。

林逋种了多少梅树呢？《御览孤山志》载：有"三百六十余树，花既可观，实亦可售，每售梅实一树，以供一日之需，年之期三百六旬有六日，盖计年以栽树也"。

[1]语出古吴墨浪子《西湖佳话·孤山隐迹》。

〔清〕华岩《林和靖梅鹤图》

215

他把每一树梅子卖得的收入，包一包，都放在一个瓦瓶里，每天拿一包，做生活开支。如是一钱银子，就用一钱，如果是二钱，就用二钱，钱多买酒，钱少则将就着过，虽是清贫，却是满足。

冬末，大雪覆后的屋舍庭院，俱是一片白茫茫，远远望去，屋前的梅花却是清丽非常。远处是青松绿竹，近处有梅香白雪，想那清冷的人立于庭前，看这一枝枝梅灿然地开着，心中定也是欢喜无限的。

这也是孤山最热闹的时候，游人纷至沓来，看雪寻花。童子怕人们打扰到他的清净，问他要不要关上篱门，他回答道，不必不必，只写了一块牌子挂在梅树上："休教折损，尽许人看，不迎不送，恕我痴顽。"

在梅花盛放的季节，林逋大多数时候是闭门不出的。日暮薄寒，清风细雨，他待在院中，细赏他一手栽下的梅。

> 众芳摇落独暄妍，占尽风情向小园。
> 疏影横斜水清浅，暗香浮动月黄昏。
> 霜禽欲下先偷眼，粉蝶如知合断魂。
> 幸有微吟可相狎，不须檀板共金樽。

这是属于他的《山园小梅》，百花凋零，独有梅花迎着风开，那明丽的景色把小园的风光都占尽了。稀疏梅影，横斜在清浅水中，清幽芬芳流动在黄昏的月色之下。白鹤若想飞落下来时，要先偷看梅花一眼，蝶儿如知梅花的妍美，也定要消魂失魄。幸喜我能低声吟诵，和梅花亲近，不用敲着檀板歌唱，执着金杯饮酒来欣赏它了。

园子里的白鹤，名叫"鹤皋"，与他感情深厚。每当他归家，鹤皋必定伸展着翅膀围着他上下飞舞。他有时闲放小舟，遨游湖山，殊无定迹，连家童都不知他在何处，但鹤皋知道。他嘱咐守门的童子，要是有客人来了就纵鹤放飞，他看见白鹤，就会划着小船回来了。氤氲山水中，一叶孤舟，由远及近，鹤唳长空，等的人与来的人都是知己，真乃幸事。

等到月沉西山，他悠然闲坐于山石一角，抚琴赏夜。小小书童有些瞌睡地揉着眼睛，却又舍不得离开。空旷的山岭中，逢梅花开，香气四溢，他仰手长挥，远空一阵鹤鸣呼应，此等景色，后人再如何遐想恐怕也未能及了。

宋人王淇有诗咏《梅》：

> 不受尘埃半点侵，竹篱茅舍自甘心。
> 只因误识林和靖，惹得诗人说到今。

只缘一句"疏影横斜水清浅，暗香浮动月黄昏"，引来万千骚人的笔墨。如此"厚遇"，如若林逋泉下有知，不知是否会感慨一番。

不管怎么说，他终是"笑傲太平云外客，安闲清世梦中身"[①]。留下一片梅花，开在山野间，云天外，热闹也罢，僻静也罢，俱往矣。

### 三、且与梅成一段奇

梅的繁盛时代，那定是南宋。曾在荒冷中自开自落的梅，从零星几点开成了满城繁花，盘缠着这处温柔富贵之地。偌大的杭州城里，走到哪都可遇见梅花，多少迁客骚人流连在此，玩雪吟花。

①语出林逋《华阳洞》。

爱玩的姜夔对城里的梅花很是熟悉，经常领着朋友去各处赏梅。沿着西湖往东南方向走，一路可看万松岭上的千树蜡梅、方家峪刘寺的十顷白梅、德寿宫里的古梅、玉堂东阁的官梅、秘书省的千叶缃梅，还有聚景园的红梅和绿萼，往西北方向走呢，有凤凰岭和灵隐天竺的散梅、西溪的三十六里白梅、孤山的梅屿、葛岭的梅园、玉照堂的梅林以及东西马塍的梅屏。

他说，花开最盛之处，在孤山的西村，来这里看花的人最多，梅有红白二色，一边是"十亩梅花作飞雪"[①]，另一边则是"早乱落、香红千亩"[②]。若天气晴好，在花下铺上毡子，倒上清酒，与朋友们闲坐望湖"缓饮春风影"[③]，那是最好不过的了。

想看"奇"，就去孤山的凉堂。这里的梅多是古梅，枝干樛曲万状，青苔斑驳，单是看这梅枝之趣，便可赏得半日。范成大的《梅谱》中曾写到梅有"三贵"，以横斜、疏瘦与老枝怪奇者为贵。老枝怪奇之美，"只消疏影两三枝"，便可"压倒嫩条千万蕊"[④]。

想看"稀"，那要去德寿宫和聚景园。这两处地方都是皇家宫苑，宫中的梅讲究的是稀有奇异。德寿宫是高宗的行宫，人说这位高宗也是一等一的爱梅人，移了两株苔梅在宫中，一株出自宜兴张公洞，苔藓甚厚，花极香，另一株出自浙东，苔如绿丝，长约尺余，可把玩。姜夔虽未得入见，但苔梅他也是曾遇过的，花开时，如玉晶莹，幽香由远及近，若有若无之间，令人柔肠百转。

聚景园在清波门外，亦是孝宗为太上皇高宗所建，繁华累朝，尤以梅盛。这里的梅是绿萼，皆种于巨松之下，日久苔生，尤显沧桑。你要在雪霁天晴之日去看，那时寒梅与松并立，雪松巍巍，绿萼万枝，白梅玉蕊，

①语出姜夔《莺声绕红楼（十亩梅花作雪飞）》。
②语出姜夔《角招·为春瘦》。
③语出姜夔《卜算子（月上海云沉）》。
④语出范成大《古梅》。

幽韵冷香，映着远处碧寒的湖水，名雅清心。

要说热闹的，还是姜夔家门前的那片梅林。他住在西马塍，在余杭门外，杭人多在此种花、卖花，一到花市，街巷里便是车马如流，乐声鼎沸，欢声笑语不绝于耳。冬末正值梅市，路旁的梅花列种如屏，花长百里，暗香浮动。农人们将花枝折下，用火炙烤折断之处，再涂上泥巴，就可使之长鲜。常人喜欢红梅，枝条枯干，花苞点点处却如碎点胭脂，殷红洇染繁花满枝，疏密淡浓间，饶有画意，他却更爱白梅，"梅雪相兼不见花，月影玲珑彻"[①]。

月玲珑，花玲珑，心亦玲珑，在寂静的夜里，他仿佛又看到了昔日的自己，站在皎洁的月色下，对着梅花吹奏玉笛。笛声悠长，唤起了美丽的佳人，不顾清冷寒瑟，与他一道攀折梅花。而今他已渐渐衰老，往日春风般绚丽的辞采和文笔，全都已经忘记，但与她携手游赏的时光，却仍镌刻在心：

> 长记曾携手处，千树压、西湖寒碧。又片片、吹尽也，几时见得？[②]

虽说宋时多梅，但引领杭城乃至整个南宋赏梅风潮的，多半还是以下三人之功。

先说说陆游。陆游爱梅爱得痴，对赏梅之事一向慎重对待。他说要作诗，须得恭恭敬敬，若是笔端有一点尘埃，怕是梅花也不许你落笔。要外出看梅，也须得冲雨涉溪，洗净鞋上的泥土，不能沾染半点尘埃，才能亲近梅树。

折梅插瓶，最多不过数枝，他却恨不得把全树梅花

① 语出姜夔《卜算子（家在马城西）》。
② 语出姜夔《暗香·旧日月色》。

都插到瓶里，供自家欣赏。梅瓶，也是颇为讲究，折来的梅花要插进金壶，点上画烛银灯，才好彻夜欣赏。用金瓶，按他的说法，便是效法汉武帝"若得阿娇作妇，当作金屋贮之也"的故事，梅花也须得是"插向宝壶犹未称，合将金屋贮幽姿"①。

他常说，赏花要在风和日丽之时，赏梅则必须在雪中，在月夜。趁着融融的月色，在梅林下端坐一夜，听凭梅花的香露浸透头上的乌巾，这样赏梅，才会有真趣。还有，绝不能少了酒，"年年烂醉万梅中，吸酒如鲸到手空"②，一壶浊酒喝他个一醉方休，醉里看花，如痴如狂，更来得痛快。

他一边说着醉话，一边将折下的梅花插个满头，把乌巾插坏也在所不惜。在成都时，他也曾在赏梅归来时"醉帽插花"，这个醉汉将花插在乌纱帽上，由于插得太多，连帽子都压歪了，引得老百姓跟随嬉笑。

要换作他人，乌纱帽怎会被这样随意对待，陆游不在乎，毕竟他爱的是梅的傲，是"阅尽千葩百卉春，此花风味独清真"③的傲，是"过时自合飘零去，耻向东君更乞怜"④的傲，是"逢时绝非桃李辈，得道自保冰雪颜"⑤的傲。这桀骜的梅，还是断桥边缠绵的梅花吗？

他"春前春后百回醉"，因那"江北江南千里愁"⑥。当梅花落尽，换上春衫，他望着向北回飞的大雁，想到沦陷于金兵的中原大地，一年复一年，无能为力，"零落成泥碾作尘，只有香如故"。

他的诗坛老友兼对手杨万里，劝他不妨想得开些，书画琴棋诗酒花，花开时有书酒簇拥的热闹，花落时有琴画纷扬的诗意，赏花赏的不就是那份尽情吗？

①语出陆游《荀秀才送蜡梅十枝奇甚为赋此诗》。
②语出陆游《春初骤暄一夕梅尽开明日大风花落成积戏作》。
③语出陆游《园中赏梅二首（其一）》。
④语出陆游《落梅二首（其一）》。
⑤语出陆游《梅》。
⑥语出陆游《园中赏梅二首（其二）》。

世人都说杨万里爱荷，其实啊，他最偏爱的是梅，不仅爱看梅，还爱吃梅。一年正月，杨万里外派赴任之前，同僚和朋友在西湖边为他饯行，设置了宴席。当时山谷里梅花尽放，一望无际，杨万里对宴席兴致了了，只身一人倚在一棵老梅树边，摘一朵吃一朵，吃一朵摘一朵，引得同僚连连咋舌，同去的张君玉笑着对他说："清胜如许，谓非谪仙可乎？"

还有一次，他去朋友家赴宴，一杯酒未尽，天降瑞雪。他见院子里有几株残梅，便一把将餐桌上的蔗糖搂在怀中，跑去摘下梅花，称"只有蔗霜分不得，老夫自要嚼梅花"[1]，为了吃梅花，把蔗糖霸为己有，不容他人分享，这也是令人哭笑不得了。那么，味道如何呢？他擦擦嘴角的糖沫，说道："其香味如蜜渍青梅，小苦而甘。"[2]

蜜渍梅花取白梅肉、雪水、梅花和蜜，"剥白梅肉少许，浸雪水，以梅花温酿之。露一宿取出，蜜渍之。可荐酒。较之扫雪烹茶，风味不殊也"。梅粥则是用梅花瓣与白米、雪水同煮成粥，"扫落梅英，拣净洗之。用雪水同上白米煮粥，候熟，入英同煮"[3]。脱蕊熬粥，落圈当香，梅花的清香可谓全占尽了。梅花汤饼稍微复杂一些，将白梅肉、檀香末捣碎，加水、面揉发后做成梅花形，煮熟后再倒入鸡汤，一食之内既有梅的酸甜，又有鸡汤的鲜美，还有片片玉洁冰清的"梅花"赏心悦目，真是落胃。

以上杨万里都是吃过的，还都一一写过食评的："剪雪作梅只堪嗅，点蜜如霜新可口。一花自可咽一杯，嚼尽寒花几杯酒。先生清贫似饥蚊，馋涎流到瘦胫根。赣江压糖白于玉，好伴梅花聊当肉。"[4]剪梅插瓶只能赏玩，而蜜点梅花做下酒菜，自有一番好滋味。

①语出杨万里《庆长叔招饮一杯未釂雪声璀然即席走笔》。
②语出杨万里《昌英知县叔作岁坐上立赋瓶里梅花时坐上九人七首（其四）》。
③语出林洪《山家清供》。
④杨万里《夜饮以白糖嚼梅花》。

他和陆游常去张镃的园里看梅，张镃是南宋名将张浚的曾孙，生活富足。人们对贵族公子可能都会有些刻板印象，比如纨绔子弟、不辨菽麦。但张镃不是，杨万里回想起与张镃初见的场景是这么说的："初予因里中浮屠德璘谈循王之曾孙约斋子有能诗声，余固心慕之，然犹以为贵公子，未敢即也。既而访陆务观于西湖之上，适约斋子在焉。则深目颧颥，寒肩臞膝，坐于一草堂之下，而其意若在岩壑云月之外者，盖非贵公子也，始恨识之之晚。"[①]看，也是位神仙般的人物。

张镃的梅园在南湖，距西湖不远，水道相通。原来只是一处荒芜园圃，但留有数十株古梅，张镃买下后便开始捯饬，将这些古梅移种成列，又从他在西湖北山的别圃中移来了三百多株江梅。为了方便赏梅，他筑堂数间，其中有一堂，西边种了红梅，东边种了千叶缃梅，堂前还有廊阁水榭，当梅花盛开之季居宿其中，花朵莹洁辉映，夜如对月，他取名为"玉照堂"。很多时候，他和朋友们会乘着小舟在花下流连，有人形容这幅好光景是"一棹径穿花十里，满城无此好风光"。这处绝好的赏梅之地被朋友们这么一推荐，顿时登上了当时杭州城赏梅榜的榜首，一时间，达官显贵、文人墨客闻名蚁集，题咏不可胜数。

这么多的客人上门，张镃并不是来者不拒，他对赏梅之事，几近严格。他写有一篇《玉照堂梅品》，可说是世上第一份观梅指南，里面记录了他这些年的赏梅心得，并归纳了花宜称、花憎嫉、花荣宠、花屈辱四事，共五十八条，极为有趣：

花宜称凡二十六条：

为淡阴；为晓日；为薄寒；为细雨；为轻烟；

①语出杨万里《诚斋集》卷八十一《约斋南湖集序》。

222

为佳月；为夕阳；为微雪；为晚霞；为珍禽；为孤鹤；为清溪；为小桥；为竹边；为松下；为明窗；为疏篱；为苍崖；为绿苔；为铜瓶；为纸帐；为林间吹笛；为膝上横琴；为石枰下棋；为扫雪煎茶；为美人淡妆簪戴。

花憎嫉凡十四条：

为狂风；为连雨；为烈日；为苦寒；为丑妇；为俗子；为老鸦；为恶诗；为谈时事；为论差除；为花径喝道；为对花张绯幕；为赏花动鼓板；为作诗用调羹驿使事。

花荣宠凡六条：

为烟尘不染；为铃索护持；为除地镜净、落瓣不淄；为王公旦夕留盼；为诗人阁笔评量；为妙妓淡妆雅歌。

花屈辱凡十二条：

为主人不好事；为主人悭鄙；为种富家园内；为与粗婢命名；为蟠结作屏；为赏花命猥妓；为庸僧窗下种；为酒食店内插瓶；为树下有狗屎；为枝下晒衣裳；为青纸屏粉画；为生猥巷秽沟边。

梅亦如人一般，有她的喜乐悲苦。杨万里感慨道："骁女痴儿总爱梅，道人衲子亦争栽。何如雪后琼瑶迹，印记诗人独自来。"[1]与民众看梅花盛开之"乘画舫，驾篮舆，提壶挈榼，襄裳联袂而来"的热闹景象不同，文人对梅花的感情，非起于一念之间的心动。他们看梅讲究一个"品"字，不与群芳相争，不同世俗合流，即使

①杨万里《走笔和张功父玉照堂十绝句（其三）》。

最终归于尘土，仍留得幽香在人间。

　　在那最寒冷的腊月，一代又一代的人们，守得一季冬来，盼得一场雪归，便于此时，倚香踏雪寻梅去。他们寻的是梅，又不是梅，是去叩访一位得道的高隐，抑或是一位一生的密友，一年一会，踏雪而来，卧雪而对，"浅斟低唱正相宜，且与梅成一段奇"[1]。

①语出辛弃疾《鹧鸪天·用前韵和赵文鼎提举赋雪》。

寻梅去

◎西湖看梅

西湖边的梅花，把西湖变得更为诗情画意，一如宋词中的描述："驿外断桥边，寂寞开无主。已是黄昏独自愁，更著风和雨。　无意苦争春，一任群芳妒。零落成泥碾作尘，只有香如故。"

◎孤山访梅

如果赏梅要论"寻"之兴味，得来孤山。孤山的梅，俏丽活泼，倚青山，靠碧水，红得地道，白得剔透，自古就为杭州赏梅三大胜地之一。孤山梅花早在唐代就已著名，因北宋林逋的故事而更有意境。

◎灵峰探梅

位于植物园最里面的灵峰山下，古有灵峰寺、翠薇阁、眠云堂、妙高台、洗钵池等。从如今吃饭、住宿颇受游客欢迎的青芝坞往里，就是"灵峰探梅"所在地，一入山林，人间烟火便一下隔绝。由于这里地处山谷，梅花比其他地方开得早、谢得迟，面积又不小，且缓坡、谷地多，梅花很有层次。另外，灵峰一带的绿萼梅也非常多，成为杭城一大赏梅胜地。

◎西溪寻梅

"西溪探梅"为清代"西湖十八景"之一，梅树主要分布在梅竹休闲区内的梅竹山庄和西溪梅墅一带。这里的梅大多开在水边，你可以做一回曲水寻梅的雅士，独观湿地深处的梅姿。游人乘船而往，寻梅赏景，品茗闻香，或漫步于寿堤，或来到戏曲长廊和戏剧角，一边观梅，一边赏戏。

◎超山赏梅

超山梅花素以"古、广、奇"三绝而著名。古是指我国有晋、隋、唐、宋、元五大古梅，超山就占有其二——唐梅和宋梅；广是指超山梅花绵延十余里；奇是指天下梅花都是五个花瓣，而超山梅花以六个花瓣为奇。金石书画大师、西泠印社首任社长吴昌硕先生生前就酷爱超山梅花，他与超山也结下了不解之缘，晚年栖居超山，春赏梅、秋登高，赋诗作画，游兴不衰。后来他病逝后就葬在了超山，与梅为伴，堪比林逋的"梅妻鹤子"。

# 参考文献

1.〔宋〕吴自牧：《梦粱录》，张社国、符均校注，三秦出版社，2004年。

2.〔宋〕周密：《武林旧事》，钱之江校注，浙江古籍出版社，2011年。

3.〔明〕高濂著，陈飞云导读：《四时幽赏录》，浙江摄影出版社，2019年。

4.〔明〕张岱著，〔清〕王文诰评：《新校注陶庵梦忆》，栾保群校注，江苏凤凰文艺出版社，2019年。

5.〔明〕张岱著，夏咸淳辑校：《张岱诗文集》，上海古籍出版社，2018年。

6.〔明〕袁宏道著，钱伯城笺校：《袁宏道集笺校》，上海古籍出版社，2018年。

7.〔宋〕李清照著，徐培均笺注：《李清照集笺注》，上海古籍出版社，2017年。

8.〔宋〕郭熙：《林泉高致》，中州古籍出版社，2013年。

9.〔唐〕陆羽：《茶经》，杜斌评注，中华书局，2020年。

10.〔明〕朱权、〔明〕田艺蘅著，黄明哲、吴浩编著：《茶谱　煮泉小品》，中华书局，2012年。

11.〔清〕蒋坦著，关熙潮主编：《秋灯琐忆》，辽宁人民出版社，2020年。

12.魏策：《道是风雅却寻常：宋人十二时辰》，中国民族文化出版社，2020 年。

13.张永义选注：《南宋风雅词笺》，当代世界出版社，2009 年。

14.吴钩：《风雅宋：看得见的大宋文明》，广西师范大学出版社，2018 年。

15.吴关荣：《钱塘江传说》，杭州出版社，2013 年。

16.林语堂：《苏东坡传》，张振玉译，湖南文艺出版社，2018 年。

17.殷登国：《赏心乐事说故》，百花文艺出版社，2011 年。

18.王国平主编，徐吉军分册主编：《杭州文献集成（第5 册）》，杭州出版社，2014 年。

19.王国平主编，徐吉军分册主编：《杭州文献集成（第6 册）》，杭州出版社，2014 年。

20.赵福莲：《西溪》，杭州出版社，2004 年。

21.苏三公子：《古画风雅》，广西师范大学出版社，2021 年。

22.孙昌建：《西子湖上有阮公》，《文化交流》2019年第 2 期。

**丛书编辑部**

艾晓静　包可汗　安蓉泉　李方存　杨　流
杨海燕　肖华燕　吴云倩　何晓原　张美虎
陈　波　陈炯磊　尚佐文　周小忠　胡征宇
姜青青　钱登科　郭泰鸿　陶文杰　潘韶京
（按姓氏笔画排序）


**特别鸣谢**

曹工化　夏　烈　徐吉军（系列专家组）
魏皓奔　赵一新　孙玉卿（综合专家组）
夏　烈　郭　梅（文艺评论家审读组）


**供图单位和图片作者**

于广明　李仁华　陈学章　郑从礼　贺勋毅
姚建心　顾　勇　韩　丹　韩毓华　鲁　南
蔺富仙（按姓氏笔画排序）